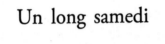

Un long samedi

DU MÊME AUTEUR

Œuvres, Gallimard, 2013.

Fragments (un peu roussis), Pierre Guillaume de Roux, 2012.

Poésie de la pensée, Gallimard, 2011.

Lectures : chroniques du New Yorker, Gallimard, 2010.

Ceux qui brûlent les livres, L'Herne, 2008.

À cinq heures de l'après-midi, L'Herne, 2008.

Les Livres que je n'ai pas écrits, Gallimard, 2008.

Le Silence des livres, Arléa, 2006 ; 2007.

Une certaine idée de l'Europe, Actes Sud, 2005.

Dix raisons (possibles) à la tristesse de pensée, Albin Michel, 2005.

Tolstoï ou Dostoïevski, 10-18, 2004.

Maîtres et disciples, Gallimard, 2003 ; Folios Essais n° 477, 2006.

Les Logocrates, L'Herne, 2003 ; 2008 ; 10-18, 2006.

Nostalgie de l'absolu, 10-18, 2003.

Avec Cécile Ladjali, *Éloge de la transmission : le maître et l'élève*, Albin Michel, 2003 ; Hachettes Littératures, 2007 ; Pluriel, 2013.

Extraterritorialité : essai sur la littérature et la révolution du langage, Calmann-Lévy, 2002 ; Hachette Littératures, 2003.

De la Bible à Kafka, Bayard, 2002 ; Hachette Littératures, 2003.

Grammaires de la création, Gallimard, 2001 ; Folio Essais n° 505, 2008.

(Suite en fin d'ouvrage)

George Steiner
avec Laure Adler

Un long samedi

Entretiens

Flammarion

Ce livre est issu de plusieurs séries d'entretiens
initiés par France Culture entre 2002 et 2014,
puis réécrits et restructurés par les auteurs.

La première fois que j'ai vu George Steiner, c'était dans un meeting il y a une bonne dizaine d'années. À l'époque, à l'approche d'élections européennes, il était encore envisageable d'inviter des intellectuels de la Mitteleuropa et de les écouter... La salle était comble, et le public, à la fin de la journée, invité à poser des questions. Le discours de Steiner sur la montée du populisme avait été percutant, tant sur le plan historique que sur le plan philosophique. Un monsieur posa une question alambiquée, plus pour faire valoir ses connaissances que pour obtenir une réponse. Steiner ne le ménagea pas. Je me suis dit que ce grand intellectuel, dont j'avais lu certains ouvrages, n'était pas un type facile.

Je n'avais pas tort. Je le revis deux ans plus tard, dans un colloque à Normale Sup où les plus grands spécialistes d'Antigone étaient venus du monde entier pour échanger leurs points de vue. Lui, contrairement aux autres, avant l'ouverture de la session, ne se mélangeait pas. Il restait en retrait, tendu, abîmé dans une méditation intérieure. Il ressemblait à un romantique du XIXᵉ siècle qui s'apprête à livrer un duel par un matin glacé en sachant que sa vie est en danger.

C'était un peu cela. Quand Steiner parle, il s'engage. Sa pensée, toujours aventureuse, se déploie dans l'instantanéité du temps où elle peut s'articuler et, même s'il dispose d'une culture encyclopédique, et ce dans plusieurs langues et plusieurs disciplines, Steiner part à la chasse. Il braconne, il s'enfonce dans les fourrés. Il déteste les chemins tout tracés et préfère se perdre, quitte à rebrousser chemin. Bref, il cherche à s'étonner lui-même.

L'exercice n'est pas facile pour qui n'a jamais considéré que la sédimentation des connaissances était un moyen de faire semblant d'articuler un discours, lequel ferait semblant d'articuler une théorie.

C'est que, pour penser, il faut utiliser le langage. Or Steiner en a, depuis des décennies, analysé les chausse-trapes, les roueries, les difficultés, les doubles fonds. Admirateur et lecteur quotidien de Heidegger, son esprit travaille toujours dans la certitude de notre finitude et dans la tentative désespérée de faire coïncider la parole poétique avec l'origine de la langue.

On pourrait discourir longtemps sur la haute technicité des différents exercices de la pensée que Steiner sait maîtriser. Mais là n'est pas l'important. Car il s'en moque. Avec lui on n'a jamais la sensation qu'il faudrait parvenir à une fin, qu'élucider un problème apporterait une certaine consolation. Bien au contraire. La recherche en elle-même est le sel de la vie. Et plus l'exercice est périlleux, plus il jubile.

Il est sans cesse aux aguets. Drôle et sarcastique, peu amène sur lui-même et sur ses contemporains, grave et jubilatoire, lucide jusqu'au désespoir, d'un pessimisme actif.

Il est le fils de Kafka, dont il connaît l'œuvre par cœur, mais déteste Freud et affiche un mépris pour le moins étrange envers la psychanalyse. Il n'en est pas à un paradoxe près. Il admire les sciences exactes mais continue à passer un temps considérable à chercher, comme un bricoleur du dimanche, les zones infralinguistiques qui régissent notre rapport au monde.

Il déteste les entretiens. Je le savais. À un moment où j'occupais des responsabilités qui m'interdisaient, temporairement, d'exercer mon métier de journaliste, je lui ai demandé de faire, pour France Culture, des grands entretiens avec l'interlocuteur de son choix. Il m'a dit : « Venez. Venez me voir. » J'ai demandé au président de Radio France l'autorisation de partir pour Cambridge avec un magnétophone, un peu comme une pensionnaire qui demande un bon de sortie à sa responsable d'internat parce que sa grand-tante vient lui rendre visite pour quelques heures.

Sa femme, Zara, a ouvert la porte. Elle avait préparé un cheese-cake entre deux pages d'écriture (elle est l'une des plus grandes historiennes actuelles de l'histoire de l'Europe lors de l'avènement du totalitarisme). Dehors, dans le petit jardin, il y avait des roses trémières, des oiseaux qui s'égosillaient sur les branches du cerisier bourgeonnant dans l'éveil du printemps. George m'a conduit au bout du jardin et a ouvert la porte de son bureau, sorte de cabane octogonale construite pour abriter le plus de livres possible.

Il a enlevé le disque de Mozart qu'il écoutait. La conversation pouvait commencer.

Je ne savais pas que je reviendrais si souvent et que, au fil du temps, se préparait pour lui, comme en secret, l'apprentissage de ce qu'il nomme un long samedi.

Cet automne je reviendrai avec ce livre. J'espère que George aura terminé le nouveau texte sur lequel il est en train de travailler. Ce sera l'occasion de continuer ces entretiens.

Laure Adler
Juillet 2014

Une éducation accidentée.
De l'exil à l'Institut.

LAURE ADLER Il y a une chose, George Steiner, qu'évoque votre ami Alexis Philonenko dans les *Cahiers de L'Herne* : ce bras, cette difformité, cette chose physique ; il en parle en disant que, peut-être, vous en avez souffert dans votre vie. Et pourtant vous n'en parlez jamais.

GEORGE STEINER Il est très difficile, bien sûr, pour moi, d'en juger objectivement. Ce qui a décidé de ma vie, c'est le génie de maman – une grande dame viennoise. Elle était multilingue, bien sûr, et parlait le français, le hongrois, l'italien, l'anglais ; elle avait un orgueil démentiel privé, entièrement privé ; et une assurance merveilleuse.

Je devais avoir trois ou quatre ans – je ne peux pas le dater exactement, mais cet épisode a déterminé ma vie. Mes premières années ont été très difficiles parce que mon bras était plus ou moins attaché à mon corps ; les traitements étaient très

pénibles, j'allais de sana en sana. Et elle m'a dit :
« Tu as une chance inouïe ! Tu ne vas pas faire
ton service militaire. » C'est cette discussion qui
a changé ma vie. « Tu as une telle chance ! »
C'était merveilleux qu'elle ait trouvé cette idée. Et
c'était vrai. J'ai pu commencer mes études supé-
rieures deux ou trois ans avant mes contemporains
qui faisaient leur service militaire.

Songez : avoir trouvé ça ! Je déteste cette culture
thérapeutique actuelle, qui emploie des mots
déguisés pour désigner les handicapés, qui essaye
de raconter : « On va traiter ça comme avantage
social... » Et bien pas du tout : c'est très dur, c'est
très grave mais ça peut être très avantageux. J'ai
été élevé à une époque où on refusait les aspirines
et les bonbons au nougat. Il existait des chaussures
avec des fermetures Éclair – parfaitement simples.
« Non, m'a dit maman. Tu vas apprendre à nouer
les lacets d'une chaussure. » Je vous jure, c'est difficile. Qui a deux bonnes mains n'y pense pas un
instant, mais c'est un art inouï de nouer les lacets
d'une chaussure. Je hurlais, je pleurais ; et au bout
de six ou sept mois, j'ai su lacer mes chaussures.
Et maman m'a dit : « Tu peux écrire avec la main
gauche. » J'ai refusé. Alors elle m'a tenu la main
dans le dos : « C'est avec la main handicapée que
tu vas apprendre à écrire. — Oui. » Et elle me
l'a enseigné. J'ai pu faire des tableaux et des des-
sins avec la mauvaise main. C'était une métaphysique de l'effort. C'était une métaphysique de la

volonté, de la discipline et du bonheur avant tout, de voir là-dedans un très grand privilège ; et ça l'a été tout au long de ma vie.

Cela m'a permis, aussi, je crois, de comprendre certaines conditions, certaines angoisses des malades qui sont difficiles à saisir pour les Apollons, pour ceux qui ont le bonheur d'avoir un corps magnifique et une santé merveilleuse. Quels sont les liens entre la souffrance physique, mentale et certains efforts intellectuels ? Nous le comprenons sans doute encore très mal. N'oublions jamais que Beethoven était sourd, Nietzsche sujet à de terribles migraines et Socrate tellement laid ! C'est si intéressant d'essayer de voir dans l'autre ce qu'il a pu vaincre. Je me pose toujours la question face à quelqu'un : qu'est-ce qu'il ou elle a vécu ? Quelle a été sa victoire – ou sa grande défaite ?

L.A. Dans *Errata*, vous racontez que votre père, qui était d'origine viennoise, ayant compris très vite l'avènement du nazisme, est parti pour Paris avec sa famille. Vous êtes donc né à Paris, et très jeune, un jour, avec votre mère, vous avez assisté, dans votre rue, à une manifestation où des gens criaient : « Mort aux Juifs ! »

G.S. Oui, cela s'appelait le scandale Stavisky. Une affaire obscure, mais dont on se souvient parce que l'extrême droite française l'évoque très souvent. Dans la rue défilait un monsieur qui s'appelait le colonel de La Rocque. Il semble aujourd'hui un personnage assez sinistrement comique mais il était pris très au sérieux à l'époque. J'étais à côté, à Janson-de-Sailly, je remontais la rue de la Pompe en courant pour rentrer chez moi avec ma nounou parce que s'avançait une petite cohue de manifestants d'extrême droite sous la houlette de ce colonel de La Rocque : « Mort aux Juifs ! » Un slogan qui allait bientôt devenir : « Plutôt Hitler que le Front populaire. » Tout ça dans un quartier (la rue de la Pompe, l'avenue Paul-Doumer) où la bourgeoisie juive était très présente. Maman, non qu'elle ait peur, mais plutôt par respect de conventions un peu vieillottes, nous dit, à ma nounou et à moi : « Ah ! Vous allez baisser les stores. » Là-dessus, rentre mon père, qui rétorque : « Vous allez lever les stores. » Il me prend avec lui. Il y avait un petit balcon. Je me souviens de chaque instant de la scène : « Mort aux Juifs ! Mort aux Juifs ! » Il me dit très calmement : « Ça, ça s'appelle l'Histoire et tu ne dois jamais avoir peur. » Pour un enfant de six ans, ces mots ont été décisifs. Depuis lors, je sais que ça s'appelle l'Histoire et si j'ai peur, j'en ai honte ; et j'essaye de ne pas avoir peur.

J'ai eu ce privilège énorme de savoir très tôt qui était Hitler, ce qui m'a valu une éducation accidentée. Depuis ma naissance, en 1929, mon père avait prévu avec une clarté absolue – j'ai ses journaux intimes – ce qui allait se passer. Rien ne l'a surprise.

L.A. Votre père, qui avait donc pressenti ce qui allait se passer dans l'Europe enflammée par le nazisme, a décidé ensuite de vous faire partir aux États-Unis. Dans quelles circonstances ?

G.S. En France, Paul Reynaud avait décidé au dernier moment que le pays avait désespérément besoin d'avions de chasse, des *Grumman*. Mon père a été envoyé en mission à New York avec d'autres experts financiers pour négocier l'achat d'avions de chasse pour la France. Il arrive à New York, et là, se produit un incident fantastique. On oublie que New York était une ville neutre, parfaitement neutre, avec plein de nazis en mission, la croix gammée au col, ainsi que des banquiers nazis eux aussi en mission d'achat ou de négociation fiscale. Au *Wall Street Club*, un homme qui avait été un ami intime de mon père – le directeur de la grande firme Siemens, qui existe encore – l'aperçoit à une table et lui fait passer un petit mot. Mon père déchire le mot devant tout le monde et ne se tourne pas vers son ami. Il ne voulait ni l'entendre ni le voir. Mais son ami l'attend aux toilettes, il le prend par les épaules et lui dit : « Tu vas m'écouter. Nous sommes début 1940, nous allons traverser la France comme un couteau dans du beurre chaud. Sors ta famille de là à tout prix ! » Cette histoire se déroule avant la conférence fatale de Wannsee, mais déjà, les grands banquiers, les grands P-DG allemands savaient ce qui se passait grâce à

15

certains témoignages polonais et à ceux de la Wehrmacht en Pologne ; ils savaient que l'on tuerait tous les Juifs. Pas comment, ni selon quelle méthode, mais ils savaient, sur le principe : on allait massacrer les Juifs.

Nous sommes en 1940, juste avant l'invasion allemande. Mon père, heureusement, prend l'avertissement très au sérieux, Dieu merci, et demande à Paul Reynaud la permission que sa famille, ma maman, ma sœur et moi, lui rende visite aux États-Unis. Une visite que Reynaud lui accorde. Mais ma mère refuse : « Hors de question ! Si on quitte la France, les enfants vont rater leur bac. Il n'y aura pas d'Académie française pour mon fils ! » Heureusement, nous étions une famille juive où les mots du père ont un poids décisif. On a ainsi pu quitter Paris et fuir par le dernier paquebot américain en partance de Gênes, au moment de l'invasion allemande. Sans cela, serais-je vivant aujourd'hui ? On dit que les Allemands ne savaient pas, mais il est sûr – ce n'est pas moi qui l'invente – que certains savaient, savaient depuis la fin 1939, savaient depuis les événements en Pologne, où déjà commençaient les grands massacres. On n'avait pas le droit d'en parler, bien sûr. Mais si on était directeur de Siemens, on avait les nouvelles parce que l'état-major de la Wehrmacht parlait, racontait ce qui se passait en Pologne. C'est ainsi qu'on a pu sauver nos vies.

L.A.   Peut-être est-ce pour cette raison qu'il y a chez vous ce sentiment de culpabilité que vous énoncez dans plusieurs de vos livres, cette sensation d'être de trop ?

G.S.   Oui, il est très fort, ce sentiment. À Janson-de-Sailly, dans ma classe, deux Juifs ont survécu. C'était pourtant une classe pleine de Juifs parce que Janson-de-Sailly était un peu l'académie juive pour les jeunes. Tous les autres ont été tués. C'est une chose à laquelle je pense tous les jours. Le hasard, le Monte-Carlo de la survie, la loterie insondable de la chance. Pourquoi les autres enfants et leurs parents, eux, sont-ils morts ? Personne, je crois, n'a le droit d'essayer de comprendre cela. On ne peut pas comprendre. Tout ce qu'on peut se dire, c'est : « Il y a là un hasard… des hasards formidablement mystérieux. » Si on est religieux – ce que je ne suis pas –, on y voit un destin. Sinon, il faut avoir le courage de dire : « C'était purement le loto et j'ai tiré un bon numéro. »

L.A.   Vous voilà donc arrivé aux États-Unis, inscrit au lycée, et là commencent des années pas très heureuses.

G.S.   Nous n'avons pas encore le livre qui décrit le New York de ces années-là. Ce serait pourtant un sujet passionnant. Le lycée était aux mains de Vichy, bien sûr. Dans ma classe, il y avait les deux fils – d'ailleurs très gentils – de l'amiral qui commandait la flotte à la Martinique pour Pétain. Le lycée était officiellement pétainiste, mais d'un autre côté il accueillait des réfugiés, des résistants de toutes sortes. Et, dans la classe supérieure à la mienne, deux jeunes amis, qui n'avaient que dix-sept ans, ont menti sur leur âge pour venir se battre en France, et ils sont tous deux morts au Vercors. Ils n'avaient que deux ans de plus que moi. Et dans mon lycée on se bagarrait entre les cours parce qu'il régnait une vraie haine. Le Vichy de cette époque-là, très confiant, n'avait pas seulement une haine du Juif, mais une haine de la gauche, de tous ceux qui avaient des velléités de résistance. Dès que le vent a tourné, le président du lycée, tous les profs, les surveillants ont soudain affiché la croix de Lorraine, symbole de la France libre. Ce fut pour moi une leçon décisive : d'un jour à l'autre ! Le général de Gaulle vient faire une visite au lycée et ces salauds-là se prosternent devant lui, bien sûr, avec un enthousiasme feint pour la Libération. Ça m'a beaucoup appris.

Cela dit, j'ai eu une éducation superbe. Pourquoi ? Parce que les grands intellectuels exilés à New York, pour gagner un peu d'argent, donnaient des leçons à des gosses comme nous. Alors j'ai eu en philosophie des cours d'Étienne Gilson et de Jacques Maritain avant qu'ils soient en poste à Princeton et à Harvard. J'ai assisté à des leçons de Lévi-Strauss ou de Gourévitch. Ces géants de la pensée étaient là, à perdre un peu leur temps avec des adolescents comme nous, qu'ils préparaient pour les examens, pour le bachot. Cela a été une période extraordinaire. J'avais, en classe, comme ami le plus intime, un jeune Perrin – dont le père avait reçu le Nobel avec Joliot-Curie pour la découverte de la radioactivité, et qui partageait les espoirs communistes. Joliot-Curie, Perrin, Hadamard : tout ce groupe espérait que la Libération ouvrirait la possibilité d'une France marxiste. C'était très important, aussi. Ces années de lycée ont été formatrices malgré tout et je me rends compte qu'elles ont été décisives. J'éprouve un sentiment de dette énorme aujourd'hui.

L.A. Dette énorme, peut-être, George Steiner, mais cela ne vous a pas empêché de quitter les États-Unis pour la Grande-Bretagne.

G.S. D'abord, il y a eu Paris, où j'arrive en 1945. Vous n'avez pas idée de ce que c'était, Paris, en 1945. Je voulais m'inscrire à Louis-le-Grand ou à Henri-IV en hypokhâgne et khâgne (j'étais assez arrogant pour espérer réussir le concours de Normale Sup), mais mon père me dit : « Il n'en est pas question ! L'avenir appartient à la langue anglo-américaine. Je regrette, si un jour tu arrives à écrire un livre qui vaut quelque chose en anglo-américain, on le traduira ensuite en français. » Je me souviens de cette prophétie extraordinaire. J'ai obéi à mon père et fait mes premières années universitaires aux États-Unis, dans de très grandes universités : Chicago et Harvard. Je songe encore souvent à cette question du destin de la langue française ; c'est une question capitale dans mon existence à bien des points de vue. Et souvent je me demande quelle aurait été ma vie si j'avais essayé le concours de Normale. Je regrette encore de n'avoir jamais tenté cette épreuve.

L.A.   Vous décidez ensuite de vivre à Londres et, paradoxalement, de travailler au sein d'un journal qui s'appelle *The Economist*. On vous connaît comme philosophe, écrivain, sémiologue, intellectuel, mais peu de gens savent que vous avez commencé votre vie en tant qu'économiste – chroniqueur-journaliste-économiste.

G.S.   C'était l'hebdomadaire le plus respecté du monde entier. On y travaillait anonymement, c'est le plus important : les articles n'étaient pas signés. On y entrait un peu par concours. Je ne connaissais rien à l'économie politique, mais je me passionnais pour la bonne prose et pour les relations internationales. Et l'on me demande d'écrire – j'étais tout jeune, ridiculement jeune – des éditoriaux sur les relations entre l'Europe et l'Amérique. Je vis ainsi quatre années magnifiques, et voilà que le destin décide de me jouer un très sale tour, qui se révélera passionnant. *The Economist* m'envoie outre-Atlantique comme correspondant pour couvrir le débat sur la puissance atomique américaine : les États-Unis vont-ils partager avec l'Europe leurs connaissances nucléaires ? Sous Eisenhower, ils décideront que non. Ce n'était pas évident ; on espérait qu'il y aurait une vraie collaboration. Dans ce contexte, je m'arrête à Princeton, merveilleuse petite ville irréelle, pour interviewer M. Oppenheimer, le père de la bombe atomique. Il détestait les journalistes (à un point pathologique), mais il me dit : « Je vous donne dix minutes. » C'était un homme dont on avait une peur physique ; c'est une chose très difficile à décrire. Un jour, devant moi, devant mon bureau, je l'ai entendu dire à un jeune physicien : « Vous êtes si jeune et vous avez déjà fait si peu ! » Après ce genre de phrases on ne peut que se pendre ! Oppenheimer m'avait fixé rendez-vous à l'heure du déjeuner. Il n'est pas venu. Je suis donc parti déjeuner avec George Kennan, le diplomate des diplomates, Erwin Panofsky, le plus grand historien d'art de l'époque, et le grand helléniste spécialiste de Platon, Harold Cherniss. En attendant le taxi qui devait me récupérer une demi-heure plus tard, Cherniss m'a invité dans son bureau, et alors que nous discutions, Oppenheimer est entré et s'est assis derrière nous. C'est le piège par excellence : si les gens à qui vous parlez ne peuvent pas vous voir, ça les paralyse et ça vous rend maître des lieux. Oppenheimer était spécialiste de ce genre de situations théâtrales, c'était incroyable. Cherniss me montrait un passage de Platon qu'il était en train d'éditer et qui comportait une lacune ; il tentait de la combler. Lorsque Oppenheimer m'a demandé ce que je ferais de ce passage, j'ai commencé par bégayer. Et lui a ajouté : « Un grand texte devrait avoir des blancs. » Et là, je me suis dit : « Mon petit, tu n'as rien à perdre, ton taxi arrive dans quinze minutes. » Alors j'ai répliqué : « C'est un cliché parfaitement pompeux. D'abord, votre phrase est une citation de Mallarmé. Et puis c'est le genre de paradoxe avec lequel vous pouvez jouer indéfiniment. Mais lorsqu'on vous demande d'établir une édition de Platon pour le commun des mortels, il vaudrait mieux que les blancs soient remplis. » Oppenheimer a répondu superbement : « Non, précisément en philosophie, c'est l'implicite qui stimule l'argument. » Ça l'amusait énormément, lui que personne n'osait jamais contrarier, et s'est engagé un vrai débat sur le sujet. Làdessus, la secrétaire d'Oppenheimer est arrivée en courant et a annoncé : « Le taxi de M. Steiner va s'en aller ! » Je continuais sur Washington pour mon reportage. À la porte de l'Institut, cet homme incroyable m'a demandé comme ça, comme on parle à un chien : « Est-ce que vous êtes marié ?

— Oui.

— Est-ce que vous avez des enfants ?

— Non.

— Tant mieux. Cela facilitera le logement. »

C'est comme ça qu'il m'a fait entrer à l'*Institute for Advanced Study*, à Princeton, comme premier jeune humaniste. Il était tellement amusé par cette rencontre… J'ai télégraphié à *The Economist*, et ils m'ont dit : « Ne faites pas de bêtise. Vous êtes heureux chez nous, on vous donne un jour par semaine pour vos recherches. Vous pouvez écrire vos livres sur Tolstoï, Dostoïevski, la tragédie. Restez avec nous. » Et de nouveau, comme avec l'École normale, je me demande si je n'aurais pas dû continuer… J'aurais pu être numéro 2, certainement… c'est ce qu'ils prévoyaient, à *The Economist* ; mais je n'aurais pas eu la direction. J'y étais tellement heureux… J'étais très bien payé, et tout ce que vous voulez, mais rien qu'à l'idée d'intégrer la maison d'Einstein, je n'en pouvais plus d'orgueil mal placé. Et voilà, j'ai quitté *The Economist* et nous sommes venus nous établir à Princeton.

L.A.   Qu'avez-vous retiré de ces moments avec Oppenheimer ? Ont-ils été décisifs pour la suite de votre vie intellectuelle ?

G.S.   Profondément. D'abord parce que j'ai commencé ma vie parmi les très grands scientifiques, et que j'ai voulu la poursuivre parmi les très grands scientifiques. Nous sommes, je crois, dans le siècle de la très grande science, y compris du point de vue esthétique et philosophique. J'étais entouré des princes du monde, si vous voulez. Ce milieu-là, ce calme total, cet idéal de la recherche absolue… Lors de leur première soirée à l'Institut, les nouveaux serraient la main aux anciens ; c'était un petit rituel. Un monsieur très grand, mince, vient vers moi : « Je suis André Weil. Je ne crois pas que nous aurons l'occasion de nous parler, monsieur. » Tout ça en français. « Mais j'ai une chose à vous apprendre. Si on est intelligent, on fait de la théorie des nombres purs. Si on est passablement intelligent – comme moi –, on fait de l'algèbre topologique. Le reste, monsieur, c'est de l'ordure. » Jamais je n'oublierai ça. C'était le frère de Simone Weil.

L.A.   Et le cofondateur du mouvement Bourbaki.

G.S.   À ce moment-là, c'était presque la voix de Simone Weil qu'on entendait. Et effectivement, on ne s'est plus jamais parlé. Mais il existait aussi des moments de grande générosité. Ainsi, le jour de mon premier repas à l'Institut, je n'osais pas entrer dans la salle. Qu'est-ce que vous faites devant une salle où chaque personne présente est un géant de la pensée ? Niels Bohr voit mon embarras, se lève : « Venez avec moi. » Il avait des épaules et des mains gigantesques. Il était d'une chaleur… Je n'ose pas parler, il sort une photo de sa poche : « Mes douze petits-enfants, je connais le prénom de chacun. » C'est ainsi que Niels Bohr m'a mis à l'aise. Et s'est révélé d'une amitié sans faille. D'autres étaient des gens très difficiles, bien sûr. Les très grands scientifiques sont aussi, parfois, des solitaires profonds. Deux activités les liaient, toutefois : la musique (il y avait de magnifiques soirées de musique de chambre) et les échecs (la langue de ceux qui sont muets autrement). Parce que de quoi parlez-vous à un von Neumann, à un André Weil ? Même si vous ne balbutiez pas en mathématiques, il vaut mieux se taire… mais aux échecs, dans la musique, il y avait énormément de contact et de chaleur. Depuis cette époque-là, et ensuite à Cambridge, j'ai l'impression que, dans les humanités, nous sommes dans le siècle du bluff, à un point terrible. On ne peut pas bluffer en mathématiques ni dans les grandes sciences : ça colle ou ça ne colle pas. On ne peut pas tricher. Celui qui ose tricher sur une expérience, sur un résultat, sur un théorème, est détruit. D'un jour à l'autre, ou presque, on est exclu de la communauté de ses pairs. C'est une rigueur morale extrême. C'est une moralité très spéciale, une moralité de la vérité. C'est un monde que j'ai toujours aimé et qui perdure. À Cambridge où je vis, depuis Roger Bacon au XIIe siècle jusqu'à Crick, Watson et Hawking, chaque génération (Newton, Darwin, Thomson, Kelvin…) a vu l'explosion du génie total dans les sciences. Si je ne me trompe, nous avons en ce moment, dans ce petit village, parmi nos collègues enseignants – et sans parler des professeurs honoraires –, dix prix Nobel.

L.A.   De cette communauté de vie, de cette expérience partagée avec ces grands scientifiques, on a l'impression que vous avez aussi retiré une précision et une rigueur d'analyse que vous avez appliqué au champ que vous avez défriché tout au long des années qui ont suivi : ce grand champ dit des « humanités ». Vous avez été le premier, dans l'histoire européenne, à introduire des concepts de rigueur quasi mathématique à l'intérieur de la littérature, de la mythologie, de l'histoire littéraire.

G.S. Puissiez-vous avoir raison ! J'ai en horreur le bluff, j'ai en horreur la triche dans les humanités. D'abord, nous avons un problème philosophique fondamental. Un jugement critique sur la musique, sur l'art, sur la littérature ne peut pas se prouver. Si je déclare que Mozart est incapable d'écrire une mélodie (il y a des gens pour soutenir cela), vous pouvez me dire que je suis un pauvre crétin, mais vous ne pouvez pas me réfuter. Quand Tolstoï dit que « *Lear* est un mélodrame totalement bâclé par quelqu'un qui ne comprend rien à la tragédie » (c'est une citation exacte), on peut dire : « Monsieur Tolstoï, je regrette, vous vous trompez inénarrablement. » On ne peut pas le réfuter. C'est une chose, au fond, horrible : les jugements ne sont pas réfutables. On dit que, à la longue, se forme un consensus, soit. Ça ne prouve rien : le consensus peut se tromper aussi. Donc il y a toujours dans le jugement esthétique un éphémère, un éphémère profond. Et si je notais les cinq ou six noms les plus importants, à mes yeux, disons dans la littérature actuelle, quatre sur cinq seraient à ce jour de complets inconnus pour des gens très cultivés, de bons lecteurs, le public dit « éclairé ».

Ensuite, bien sûr, il y a le fait que, pour des raisons qu'on comprend assez mal, la grande expérience artistique, littéraire, esthétique est au-delà du bien et du mal. De plus en plus, maintenant que la fin de ma vie approche, je travaille les problèmes suivants : « Pourquoi la musique ne peut-elle pas mentir ? » et « Pourquoi les mathématiques ne peuvent-elles pas mentir ? » Elles peuvent faire erreur, certes. Mais c'est une tout autre question. La musique peut présenter un personnage qui ment, un Iago chez Verdi, si vous voulez. Je ne crois pas que la musique sache mentir. Cela lui donne, à mon sens, un poids tout à fait considérable par rapport à la parole.

C'est en France – mais les autres pays l'imitent, bien sûr – que le drame de la déconstruction du langage, du prétendu poststructuralisme, de tout ce qui vient après Dada – autant de notes liminaires à Duchamp, qui est pour moi l'esprit qui préside à la grande crise des arts – est le plus vif ; c'est en France, au pays de Molière et de Descartes, que la crise est – en tout cas était encore il y a quelques années – la plus aiguë, que la destruction du langage, la mise en doute des possibilités de la vérité a atteint son point le plus névralgique. C'est très intéressant. Le langage admet tout. C'est une chose effarante à laquelle on pense très peu : on peut tout dire, rien ne nous étrangle, rien ne coupe notre souffle quand on dit des choses monstrueuses. Le langage est infiniment servile et le langage ne connaît pas – c'est là un mystère – de limite éthique.

L.A.   Oui, mais en même temps, la langue peut aussi approcher de la vérité. Peut-être pas forcément l'énoncer ou l'épouser, mais l'approcher.

G.S.   Elle peut essayer de convaincre sincèrement mais elle doit représenter l'avis de celui qui parle. Il doit y avoir un lien entre la phrase et la vie, et l'action. La France a compté, par exemple, des milliers et des milliers d'intellectuels marxistes qui n'auraient jamais mis les pieds en Russie soviétique. Jamais, et pour rien au monde.

L.A.   Ou certains qui y ont été en s'aveuglant, comme Sartre.

G.S.   Mais qui ont raconté des bêtises sur Staline en sachant que c'étaient des mensonges. Il y a eu (c'est le cas, plus proche, de mes contacts immédiats en France) et il y a encore des sionistes passionnés, chaleureux, colériques, qui jamais ne mettraient les pieds en Israël. Or il faut au moins qu'entre une parole et une vie il y ait des liens. Ils peuvent être très compliqués, je sais ; la sincérité est une chose immensément difficile, elle exige des efforts d'autocritique constante. Mais dire le contraire de ce que l'on vit m'a toujours semblé trop facile.

Être un invité sur la Terre.
Réflexions sur le judaïsme.

L.A.   Dans vos réflexions sur le judaïsme, qui ser-tissent absolument tous vos livres, vous développez la thèse du refus, quand on est juif, de toute sédentarité. Et dans *Langage et silence*, vous dites : « Les poupées du grenier ne sont pas pour nous, et même les fantômes ont l'air d'être dans des habits de location. »

G.S.   Oui, j'y crois. D'aucuns disent qu'être déra-ciné, c'est ne pas avoir de centre de gravité en soi-même, c'est ne pas avoir accès vraiment à la terre et aux morts – cher M. Barrès ! –, c'est ne pas connaître la famille de ses ancêtres. C'est être ce que Hitler a nommé, de façon insultante et sarcastique, « quelqu'un en l'air » (un *Luftmensch*, en allemand).
   Moi, j'aime le vent, énormément. Être *Luft-mensch* ne me dérange pas du tout. Au contraire, ça me permet de traverser les océans, les continents, et de découvrir un peu ce monde passionnant au

29

sein duquel notre vie est si brève. Cela dit, je sais très bien que, pour la majorité des êtres humains (et c'est leur plein droit), la quête d'un lopin de sol, d'un chez-soi, est une passion très profonde. Je respecte cela, je ne suis pas idiot. Mais il y a souvent un revers de la médaille : le chauvinisme, la haine raciale, la peur de l'autre. Que cinquante ans ou plus après Auschwitz sévissent des luttes raciales dans les Balkans, en Afrique, et que règne partout une crainte folle du voisin qui est d'une autre race (le mot, au demeurant, ne veut rien dire), ou d'une autre ethnie, parce que cela va faire baisser le prix de la maison... c'est d'une obscénité, n'est-ce pas ! Compréhensible, mais obscène, tout en même temps. L'homme est un animal territorial. Cruel, apeuré. Mais, grand Dieu, il faut essayer au moins de se libérer de ça.

J'ai deux petites-filles, deux perles noires qui sont vraiment ce qui est le plus important dans la vie de ma femme et dans la mienne en ce moment. D'où viennent-elles ? D'un orphelinat à Hyderabad, en Inde. Ma fille Déborah, qui est le plus jeune professeur de grec ancien à l'université de Columbia, et mon gendre, qui enseigne à Princeton les lettres classiques, le latin et l'histoire romaine – de quoi être vraiment fier, donc ! –, ont adopté ces deux petites filles. L'une a six ans et l'autre trois. Rebecca et Myriam. Myriam, en particulier, est comme un diamant noir, noir de minuit, avec des yeux lunaires. Nous n'avons pas des yeux comme ça, nous, en Occident. Et j'en suis fou, bien sûr. J'en raffole. Et je me dis qu'il est mieux qu'elles habitent là-bas, en Amérique, où l'adoption est acceptée... Et savoir que, dans les rues de mon Cambridge bien-aimé, ce pourrait être problématique, cela me fait une honte terrible. Oui, ça me met dans un état de rage profonde. Alors il ne faut pas me raconter qu'on ne peut pas aimer du fond du cœur des êtres totalement différents. Moi je n'ai plus beaucoup d'années à vivre, je suis tout près de la fin, alors si je pouvais les protéger de certaines choses... Mais je ne peux pas. Je suis impuissant. Au moins, je sais qu'affirmer : « Je ne peux aimer que ceux qui sont comme moi », c'est une saleté de l'âme.

La condition juive est parfaitement mystérieuse. Dieu sait que les Grecs étaient doués. Grand Dieu ! Dieu sait que les Romains ont formé le monde, que l'Égypte ancienne a contribué à façonner l'homme. Tous disparus. Tous.

Alors je me pose la question : pourquoi avons-nous survécu ? Après tout, on aurait pu accepter la chrétienté, le messie, tout ce que vous voulez ; c'était prédit par certains prophètes juifs. Après tout, on aurait pu s'assimiler il y a longtemps. Pourquoi survivre et survivre à la Shoah, l'Holocauste ? Ma seule réponse est une réponse tragiquement antisioniste. Je sais qu'Israël est un miracle indispensable. Il est possible que mes enfants et mes petits-enfants doivent, un jour, y trouver leur seul refuge. Je le sais. Je ne peux pas l'accepter, pour ma part, parce que je crois que le Juif a une tâche : celle d'être un pèlerin des invitations. D'être partout un invité pour essayer, très lentement, dans la limite de ses moyens, de faire comprendre à l'Homme que, sur cette Terre, nous sommes tous des invités. D'apprendre à nos concitoyens de la vie qu'est nécessaire cet art très difficile d'être chez soi partout. Et de contribuer à chaque communauté dont on est l'invité. Et si vient le jour où il faut faire ses bagages et repartir, ce peut être affreusement difficile, angoissant, matériellement terriblement dur, mais pour moi cela fait partie de la tâche du Juif. Et si demain je devais recommencer – quoique à mon âge ce soit peu probable – en Indonésie, mettons, alors je commencerais par apprendre l'indonésien. Ce qui me ferait beaucoup de bien ; je suis devenu terriblement paresseux.

Ensuite, mon premier job serait très mauvais mais je suis assez arrogant pour croire que le second serait déjà bien meilleur. Enfin, j'espère que je dirais au seigneur Dieu : « C'est diablement intéressant cette histoire ! » En tout cas, ce que je ne ferais pas, ça, je peux vous le promettre, c'est de crier : « Comment cela peut-il m'arriver ? Pourquoi moi ? Pourquoi suis-je victime ? » Mais non ! « C'est passionnant cette histoire, monsieur Dieu. »

Passionnantes, ces nouvelles cultures à découvrir. *Humani nihil a me alienum*, comme a dit le grand poète latin : rien de ce qui est humain ne m'est étranger. On peut être chez soi partout. Donnez-moi une table de travail, et j'ai ma patrie. Je ne crois ni au passeport – chose ridicule –, ni au drapeau. Je crois profondément aux privilèges de la rencontre avec le nouveau.

Prenez cette anecdote : j'entre pour la première fois dans mon bureau à l'université de Beijing, où j'avais été invité, et là, je sens une odeur nauséabonde. Je découvre que la machine à écrire est installée à côté de la poubelle et amputée d'une moitié de clavier, que la table n'a que trois jambes et demie. J'ai cinq minutes de panique idiote. Je me dis : « Qu'est-ce que c'est que ça ? Je ne vais pas pouvoir… » Puis la porte s'ouvre, un élève très poli s'adresse à moi : « Je me suis inscrit dans votre séminaire. Est-ce que vous pourriez me donner la liste des textes que je dois étudier ? » J'étais alors chez moi, totalement chez moi. J'aurais pu être à Harvard, à la Sorbonne, à Oxford, à Princeton ou à Berlin, je suis chez moi, et cet élève est ma famille. Il me fait la courtoisie profonde de vouloir étudier avec moi ? Bien ! Je suis là où je dois être. Quel bonheur que ce métier où j'ai une famille nouvelle chaque automne. Et maintenant, mes anciens élèves ont des chaires universitaires sur les cinq continents.

L'arbre a des racines ; j'ai des jambes. Et c'est un progrès magnifique. J'aime les arbres. Dans mon jardin, je les idolâtre. Mais quand la tempête vient, ils craquent, ils tombent ; l'arbre peut, hélas, être abattu par la hache et par la foudre. Moi je peux courir. Les jambes, c'est une invention de première classe et je ne veux pas la sacrifier.

L.A. La question juive, qui a hanté toute votre vie, dépasse largement celle de l'existence d'Israël, de l'enracinement du peuple dans un État-nation ?

G.S. C'est une question capitale. J'ai un dédain cuisant pour les sionistes de salon, qui font du sionisme sans jamais vouloir mettre les pieds là-bas. La seule fois que j'ai eu le privilège énorme de rencontrer Ben Gourion (ce fut très bref), il m'a dit : « Il n'y a qu'une chose qui compte : envoyez-moi vos enfants. »

L.A. Ce que vous n'avez pas fait.

G.S. Je ne l'ai pas fait. Et je suis, au fond, antisioniste. Je m'explique – même si, je le crains fort, tout ce que je vais dire maintenant risque d'être mal compris, mal interprété. Pendant plusieurs milliers d'années, à partir à peu près de la chute du Grand Temple à Jérusalem, les Juifs n'avaient pas la puissance de maltraiter, de torturer, d'exproprier qui que ce soit au monde. C'est pour moi la plus grande aristocratie qui soit. Quand on me présente un duc anglais, je me dis silencieusement : « La très haute noblesse, c'est d'avoir appartenu à un peuple qui jamais n'en a humilié un autre. » Ni torturé un autre. Or aujourd'hui Israël doit *nécessairement* (je soulignerais et répéterais le terme vingt fois si je le pouvais), nécessairement, donc, inévitablement, iné-

34

luctablement, pour survivre, tuer et torturer ; Israël doit se comporter comme le reste de l'humanité dite normale. Eh bien je suis d'un snobisme éthique sans fin, d'une arrogance éthique totale ; en devenant un peuple comme les autres, ils m'ont enlevé ce titre de noblesse que je leur donnais.

Israël est une nation entre les nations, armée jusqu'aux dents. Et lorsqu'on voit, du haut du mur, la longue queue des travailleurs palestiniens qui essayent de rejoindre leur job quotidien, dans la chaleur blanche, et lorsqu'on voit inévitablement l'humiliation de ces êtres humains dans cette queue, je me dis : « C'est un prix trop cher à payer. » Ce à quoi Israël me répond : « Taisez-vous, idiot ! Venez ici ! Vivez avec nous ! Partagez notre danger ! Nous sommes le seul pays qui accueillera vos enfants s'ils doivent s'enfuir. Alors de quel droit est-ce que vous nous faites de jolies fables morales ? » Et je n'ai pas de réponse. Pour pouvoir répondre, il faudrait que j'y sois, que je sois au coin des rues à faire mon laïus absurde, que je vive les risques du quotidien là-bas. Puisque je ne le fais pas, je ne peux qu'expliquer quelle est ma conception d'une certaine mission juive : celle d'être invité parmi les hommes. Et, paradoxe encore plus grave (qui, vraiment, m'inscrit la marque de Caïn sur le front), ce qui m'a lancé dans cette direction est cette phrase de Heidegger, qui dit : « Nous sommes les invités de la vie. » Heidegger a trouvé cette expression extraordinaire ; ni vous ni moi n'avons pu choisir le lieu de notre naissance, les circonstances, l'époque historique à laquelle nous appartenons, le handicap ou la pleine santé... Nous sommes *geworfen*, dit l'allemand, jetés dans la vie. Et celui qui est jeté dans la vie a un devoir envers la vie, à mon sens, l'obligation de se comporter comme invité. Que doit faire l'invité ? Il doit vivre parmi les hommes, où qu'il soit. Et un bon invité, un invité méritoire laisse le logis où il a été hôte un peu plus propre, un peu plus beau, un peu plus intéressant qu'il ne l'a trouvé. Et s'il doit partir, il fait ses bagages et il part.

Je n'ai vu aucune partie du monde qui ne soit passionnante, qui ne vaille la peine qu'on en apprenne la langue, qu'on en apprenne la culture, qu'on essaye d'y faire quelque chose d'intéressant. Le monde est d'une richesse infinie. Si les hommes n'apprennent pas à être les invités les uns des autres, nous allons nous détruire, nous allons vers des guerres religieuses, des guerres raciales terribles. Malraux l'a vu venir avec une clarté éblouissante.

Dans la diaspora, je crois que la tâche du Juif, c'est d'apprendre à être l'invité des autres hommes et des autres femmes. Israël n'est pas la seule solution possible. Si survenait ce à quoi on ne peut littéralement pas penser, si l'inimaginable arrivait, si Israël sombrait, le judaïsme survivrait ; il est beaucoup plus grand qu'Israël.

L.A. Vous avez écrit, dans *Langage et silence* (1969) : « Israël, miracle plein d'amertume ». Est-ce que vous réitéreriez vos propos aujourd'hui ?

G.S. Peut-être est-il dangereux (et je suis sérieux) de diffuser ce propos, mais oui, je le réitère : le judaïsme dépasse immensément Israël. Les cinq cents années en Espagne ont été l'une des plus grandes périodes de la culture juive. Les cinq cents années à Salonique ont été d'une gloire spirituelle et intellectuelle immense. L'Amérique juive domine une grande partie de la science et de l'économie de la planète. Sans compter son importance dans les médias, la littérature, etc. Supposons qu'Israël périsse – c'est cela qu'il est peut-être dangereux de dire – supposition horrible à tous points de vue –, est-ce que la diaspora pourrait psychologiquement survivre à ce choc ? Je ne le sais pas. L'horreur de cette pensée est inconcevable. Mais le cerveau est là pour penser l'inimaginable. C'est ma tâche quotidienne comme professeur et comme penseur ; c'est pour cela que Dieu m'a mis dans ce monde. Je n'ai pas le moindre doute sur le fait que le judaïsme survivrait. Pas le moindre doute. Ni sur le fait que le mystère de cette histoire, que j'appelle celle des invités de la vie, continuerait. Mais c'est une chose abominable d'avoir à le penser.

L.A. Adopter comme vous le faites l'attitude du Juif errant, est-ce remettre en cause l'existence d'Israël ?

G.S.   Non, je ne la remets pas en cause. C'était le miracle nécessaire à la survie d'une partie du peuple juif, mais je n'ose croire que ce soit la seule solution, comme je viens de le dire. Et dans l'errance, je vois un très beau destin. Errer parmi les hommes, c'est leur rendre visite.

L.A.   Vous vous définissez vous-même en tant que Juif, en tant que penseur juif ?

G.S.   Non. Juif européen, si vous voulez. Élève, j'aime être élève. J'ai des maîtres.

L.A.   Vous avez des maîtres, et l'un de ces maîtres, particulièrement important pour vous, fut Gershom Scholem. Il a décidé de quitter l'Europe pour aller s'installer en Palestine, afin d'y fonder une université.

G.S.   Il y est allé à une période de grand danger. Il a vécu les guerres là-bas, il a vécu ce qui paraissait devoir être l'extinction d'Israël dans les premières guerres israélo-arabes. Mais pour Scholem, de nouveau, c'est totalement différent. Il a tellement souffert de ne pas avoir pu convaincre d'autres personnes de quitter l'Europe. C'est aussi l'histoire de Walter Benjamin, dont le frère fut tué dans un camp de concentration, alors qu'il avait dit à tout le monde : « Venez ! Venez ! » Mais ils ne sont pas venus. C'est Cassandre. C'est terrible d'être Cassandre.

L.A.   Vous avez enseigné partout dans le monde, vous avez eu de très nombreux étudiants, qui sont à leur tour devenus professeurs dans le monde entier – que ce soit à Pékin, à Los Angeles, à Cambridge, à Genève… Et vous ne vous êtes jamais posé la question de savoir si un jour vous iriez vivre en Israël, pour devenir citoyen israélien ?

G.S.   Il y a d'abord un acte de paresse insigne. J'ai étudié de l'hébreu jusqu'à ma bar-mitsva, puis je me suis rué sur le latin et le grec. J'ai laissé tomber l'hébreu. Inexcusable. J'aurais pu le reprendre plus tard… Paresse. Et puis je suis antinationaliste, férocement. Je respecte absolument ce qu'est Israël, mais ce n'est pas pour moi. Il faut une diaspora pour équilibrer. Et je m'y suis refusé aussi parce que j'étais à un point, à un degré, à une mesure presque parodique, fier d'être apatride. Fier. Cela a été mon orgueil toute ma vie. Vivre dans plusieurs langues, vivre dans le plus grand nombre de cultures possible, et détester le chauvinisme, le nationalisme – qui se manifeste en Israël depuis longtemps et qui empire aujourd'hui.

L.A.   Et pourtant vous êtes allé plusieurs fois en Israël faire des conférences ?

G.S.   Cinq fois.

L.A.   Mais jamais la tentation n'a été assez…

G.S.   Si, à Jérusalem si, parce que c'est une beauté transcendante. Mais c'est une mauvaise raison.

L.A.   Mais vous ne remettez pas pour autant en question l'existence de l'État d'Israël ?

G.S.   Maintenant c'est trop tard.

L.A.   Et en même temps, vous réprouvez complètement le comportement d'une certaine politique israélienne menée par le gouvernement contre les Palestiniens.

G.S.   Oui. Quoique j'en comprenne les raisons. De nouveau, dire que Netanyahou est dans l'erreur, c'est facile quand on est dans un beau salon à Cambridge. C'est là-bas qu'il faut le dire. Et tant qu'on n'y est pas, à vivre de tout son être en otage de la situation, je crois qu'il vaut mieux se taire.

D'ailleurs, maintenant que je suis si près de la fin, de ma fin, je ne suis plus certain du tout. Il y a des moments où je voudrais partir et y être. Des moments où je me demande si je n'aurais pas dû aller en Israël.

L.A.   Vous le pouvez encore.

G.S.   Non, plus maintenant. Ni la santé ni l'âge ne me le permettent. Et ils n'ont pas besoin de moi. D'ailleurs je suis *persona non grata* là-bas.

L.A.   Pourquoi ?

G.S.   À cause de choses que j'ai dites toute ma vie... Le simple fait, par exemple, d'affirmer que notre survie est plus grande que celle d'Israël, c'est la pire des trahisons, c'est inadmissible, et je le comprends. Mais fondamentalement, ce qui me fascine, c'est le mystère de l'excellence intellectuelle juive. Il ne faut pas être hypocrite : en sciences, le pourcentage de Nobel est écrasant. Il y a des domaines dans lesquels il y a presque un monopole juif. Prenez la création du roman américain moderne par Roth, par Heller, par Bellow, et tant d'autres. Les sciences, les mathématiques, les médias aussi... *Pravda* était édité par des Juifs.

Est-ce qu'il y a là le fruit de la pression terrible du danger ? Est-ce que le danger est le père de l'invention et de la création ? J'ose le croire, souvent. Le judaïsme est la seule religion, la seule sur la planète qui ait une prière spéciale pour les familles dont les enfants sont des savants. Cela me remplit d'une joie folle et d'un orgueil fou. J'ai maintenant (et je ne crois pas aux miracles) un fils qui est doyen d'un très grand *college* de New York, une fille qui dirige les sciences de l'Antiquité à Columbia, un gendre qui enseigne la littérature romaine à Princeton. C'était mon rêve... Sommes-nous, peut-être, un tout petit peu spécialement doués pour l'idéal de l'esprit, pour la pensée abstraite ? C'est un destin d'aimer la connaissance, la pensée, les arts. Tous les hommes et les femmes le partagent, je le sais, mais ce petit peuple, tout petit, qui manqua plusieurs fois dans l'Histoire d'être éliminé, et qui survit... En un mot, ce petit peuple tellement détesté, tellement craint, tellement pourchassé est encore là. Personne ne sait expliquer pourquoi. C'est souvent la blague antisémite qui contient le germe de la vérité. Hegel raconte : « Dieu vient, et dans la main droite il a les textes sacrés de la révélation et de la promesse du Paradis ; dans la main gauche il a le journal de Berlin, *Die Berliner Gazette*. Le Juif choisit le journal. »

Cette blague antisémite de Hegel contient une profonde vérité : le Juif se passionne pour le *ductus*, le courant intérieur de l'Histoire et du temps, à un point extraordinaire. Et si le XXe siècle (avec l'exception magnifique de Darwin, bien sûr) est le siècle de Karl Marx, de Sigmund Freud, d'Einstein, ce n'est peut-être pas entièrement un accident.

L.A. Vous évoquez à plusieurs reprises l'attitude de ces rabbins qui, dans les camps d'extermination, continuaient à prier Dieu : est-ce que vous croyez qu'ils priaient Dieu parce qu'ils pensaient que le camp était l'antichambre de la maison divine ?

G.S. Je ne peux pas répondre à cela. Je peux répondre à propos de ceux qui étaient désignés comme « Livres vivants ». C'est-à-dire que les autres prisonniers, les autres victimes venaient les consulter parce que ces hommes savaient par cœur des milliers de pages – incluant la Torah, le Talmud, plus ou moins entiers. Être « Livre vivant », qu'on peut feuilleter comme si on pouvait feuilleter l'âme humaine, ce n'est pas une petite chose ; c'est même une grande gloire.

L.A.   Vous êtes assez dur vis-à-vis des Juifs américains. Vous dites, dans un de vos livres : « En Amérique, les Juifs s'éveillent la nuit pour écouter le retour de leurs enfants, mais c'est simplement pour s'assurer que la voiture est bien rentrée au garage, et non parce que, tout d'un coup, la foule antisémite peut crier. »

G.S.   Mais ce n'est pas une critique. Je dis ça avec une infinie reconnaissance. Mes enfants, mes petits-enfants sont là-bas. Et je voulais qu'ils y aillent parce que, en ce moment, l'escalator de l'Histoire, pour le Juif en Amérique, va vers le haut. C'est une poussée extraordinaire. Avec, d'ailleurs, un grand risque : l'assimilation. Lentement, par les mariages mixtes, par la tolérance même, les Juifs disparaissent aussi aux États-Unis. Pas les orthodoxes, qui affirment leur survie, agressive, superstitieuse, et ne s'assimilent pas. Mais le Juif américain, le Juif non croyant, non pratiquant – comme moi – est en danger de disparaître tout doucement.

En tout cas, quand je suis arrivé aux États-Unis, il y avait toujours des *numerus clausus* à

Harvard, à Yale et à Princeton. Si vous m'aviez dit qu'en quelques années les présidents de toutes ces universités seraient des Juifs, et que ces derniers occuperaient des chaires en littérature – ce qui était jadis exclu... il y avait un magnifique snobisme à faire comprendre aux Juifs qu'ils étaient des *outsiders*. Maintenant, cela n'existe plus. La dernière fois que j'ai eu le privilège d'assister à une séance des membres permanents de l'Institut à Princeton, il s'agissait de remplacer un très grand mathématicien, un logicien d'envergure mondiale, et on proposait des noms divers. Alors Oppenheimer a frappé sur la table avec sa pipe – c'est une chose qu'il faisait quand il en avait marre, quand il s'impatientait – et a dit : « Messieurs, je vous en prie, par tact politique, essayez de proposer un nom qui ne soit pas juif. » Mais il n'y en avait pas à ce niveau-là d'éminence planétaire. Aujourd'hui, je crois qu'il y aurait certains Japonais, et demain, il y aura les Indiennes (les femmes, je souligne) et les Indiens. Ces dernières années, partout où je vais, dans les universités, il y a un grand mouvement de changement : l'étudiant juif n'est plus nécessairement premier ni deuxième de sa promotion ; c'est désormais l'étudiant chinois ou indien qui l'emporte dans les disciplines traditionnelles comme la logique pure, les mathématiques, la physique théorique, etc.

L.A.   Pour vous, être juif cela veut dire appartenir au peuple du Livre et vouloir étudier. Ce n'est pas une race, c'est un désir d'apprendre.

G.S.   Effectivement, je ne comprends rien aux histoires de race ; c'est de la mauvaise blague. Être juif, c'est appartenir à cette tradition plurimillénaire du respect pour la vie de l'esprit, du respect infini pour le Livre, pour le texte, et c'est se dire que le bagage doit toujours être prêt, qu'il faut toujours que la valise soit faite, je le répète. Sans se plaindre, sans hurler qu'il y a là une injustice cosmique. Non, il y a aussi là un grand privilège. N'oubliez pas (on l'oublie tout le temps) : en grec ancien, le mot pour désigner l'hôte, l'invité et le mot pour désigner l'étranger, c'est le même terme : *xénos*. Et si vous me demandiez de définir notre condition tragique, c'est que le mot « xénophobie » survit, il est pleinement d'usage, tout le monde le comprend ; le mot « xénophilie » a disparu. Ainsi se définit la crise de notre condition.

L.A.   Vous relisez l'histoire des racines de l'antisémitisme d'une manière très originale, et peut-être tout à fait surprenante, voire arrogante pour certains spécialistes. Vous expliquez que ce n'est pas parce que les Juifs ont crucifié Jésus que tout d'un coup l'antisémitisme a surgi, mais que c'est bien parce que ce sont les Juifs qui ont engendré

45

Dieu que les chrétiens en sont devenus jaloux ; jaloux jusqu'à la folie la plus meurtrière.

G.S. Trois fois, le Juif a exercé sur l'homme un chantage d'un poids lancinant. D'abord avec la loi mosaïque. Le monothéisme, c'est la chose la moins naturelle du monde. Quand les Grecs disent qu'il y a dix mille dieux... c'est naturel, c'est logique, c'est merveilleusement réjouissant, ça peuple le monde de beauté, de réconciliation. Le Juif, il répond : « Inimaginable ! Dieu, on ne peut pas en avoir une image, on ne peut pas en avoir une conception sauf... éthique, morale. C'est un Dieu tout-puissant ; il se venge jusqu'à la troisième génération, etc. » C'est terrible, cette loi mosaïque, cette morale du monothéisme : premier chantage.

Deuxième chantage : le christianisme. Voilà Jésus, le Juif, qui enjoint : « Vous allez donner aux pauvres tout ce que vous avez. Vous allez sacrifier pour autrui. L'altruisme n'est pas une vertu, c'est le devoir même de l'homme. Vous allez vivre humblement. » C'est un message judaïque jusqu'au fond : le sermon sur la montagne est fait de citations, vous le savez, d'Isaïe, de Jérémie, et d'Amos.

Et la troisième fois, voici Marx qui affirme : « Si vous avez une belle maison avec trois chambres vides et qu'il y a des gens tout autour de vous qui n'ont aucun logis, vous êtes le dernier des cochons. » Il n'y a aucune défense possible pour l'égoïsme humain, pour l'avarice, pour la libido de l'argent, du succès. Qu'a dit Saint-Just ? Le bonheur est une idée neuve en Europe. Qu'a dit Marx ? La justice, idée neuve en Europe. Assez de ces terribles inégalités. Les mendiants se multiplient sur les trottoirs des rues de notre capitale – qu'il s'agisse de Paris ou de Londres.

Trois fois, le Juif a demandé à l'homme : « Deviens homme. Deviens humain. » C'est affreux. Et puis, en note liminaire, M. Freud vient nous enlever les rêves. Celui-là, il ne nous laisse même pas rêver en paix. Quant aux grands prophètes… Isaïe se définit comme celui qui éveille dans la nuit, celui dont les cris vont réveiller la ville. Jérémie exhorte : « Réveillez-vous, ne dormez pas. » Mais c'est vraiment infect de nous enlever notre petit-bourgeois de sommeil. Le bon sommeil, c'est le luxe de la bourgeoisie, des classes moyennes. L'affamé ne le connaît pas. Alors, même ça, Freud veut nous l'enlever. Non, vraiment, quand Hitler déclare, dans ce qu'on appelle *Les Conversations de table* (*Tischgespräche*) : « le Juif a inventé la conscience », il a parfaitement raison. Parfaitement. C'est même une perception très profonde de ce méchant monsieur. Lorsque Soljenitsyne, que je trouve un très grand homme, mais détestable, nous dit : « Le virus du communisme, du bolchevisme, est totalement juif et a été l'infection de la sainte Vierge de Kazan et de la théocratie russe », il se trouve qu'il a parfaitement raison sur le fond historique. On peut en être très fier, ou bien le déplorer. Mais l'antisémitisme est une sorte de cri humain : « Ne m'emmerdez plus ! » C'est un cri contre l'emmerdement moral que représente le judaïsme. Et je ne crois pas qu'on puisse le corriger. La crise au Moyen-Orient ne fait qu'empirer. D'un côté, il existe une gauche antisémite dans les pays prétendument libéraux, et de l'autre vous avez des baptistes, les néo-conservateurs les plus fascisants des États-Unis – il y en a cinquante millions dans le sud-est des États-Unis –, qui envoient de l'argent et des armes à Sharon pour l'encourager : « Oui ! Bravo ! Il faut tenir l'infidèle écarté du pays nazaréen. » Oui, ils appellent Israël *The Nazarene Country*. Ce sont des absurdités cruelles, sadiques, des alliances qui sont dégoûtantes.

De nouveau, l'Histoire va être très dangereuse. Chacun vit en puisant dans son monde intérieur. Quand je me lève le matin, je me raconte l'histoire suivante pour tenir pendant la journée : Dieu annonce qu'il en a marre de nous. Vraiment. « J'en ai assez ! » En dix jours, le déluge, le vrai. Pas de Noé, cette fois-ci. C'était une erreur. Le Saint-Père annonce aux catholiques : « Très bien, c'est la volonté de Dieu. Vous allez prier. Vous allez vous pardonner les uns les autres. Vous allez réunir vos familles et attendre la fin. » Les protestants disent : « Vous allez régler vos comptes bancaires. Vos bilans doivent être absolument en

ordre. Vous réunissez vos familles et vous priez. »
Le rabbin dit : « Dix jours ? Mais c'est pleinement
assez pour apprendre à respirer sous l'eau. » Et
c'est cette anecdote-là, magnifique, qui me donne
chaque jour le bonheur et le courage de vivre ma
journée. Et j'y crois profondément : effectivement,
c'est beaucoup, dix jours.

L.A.   Comment réagissez-vous au regain d'antisémitisme qui se manifeste un peu partout dans
le monde ?

G.S.   J'avais espéré qu'à la fin de ma vie (c'est-
à-dire maintenant) se calmerait l'héritage de la
Shoah, que naturellement en Europe on pourrait
s'attendre à une certaine réconciliation ; eh bien
non, aujourd'hui les vagues d'antisémitisme, la
haine du Juif déferlent sur nous partout. On
n'aurait pas cru cela possible il y a encore quelques
années. En Hongrie, en Roumanie, en Pologne,
il n'y a quasiment plus de Juifs, mais l'antisémitisme perdure. Et dans mon Angleterre bien-aimée,
je déteste avoir à vous le dire, se multiplient les
signes, les indices de l'antisémitisme, les boycotts
académiques contre les scientifiques juifs, même
en Angleterre... Et se développe un sentiment
de malaise très profond devant la crise. Et, la formidable ironie, maintenant c'est que en Ukraine,
c'est M. Poutine qui dénonce l'antisémitisme.
Vous voyez, c'est une invention digne de Kafka !
Partout, la grande vague monte à nouveau, sauf,

peut-être, aux États-Unis. Je ne parle pas du néga-tionnisme (qui a bien des partisans en France), je parle de l'opinion des soi-disant bien-pensants qui se sentent de plus en plus mal à l'aise devant la présence juive.

L.A.   Comment établissez-vous cette cartographie du retour de l'antisémitisme ?

G.S.   Il est partout. On ne peut pas ouvrir un journal sans voir les incidents, les attaques contre les cimetières juifs, contre les synagogues. Et les mouvements de nationalisme, les mouvements de droite qui affichent ouvertement leur haine du Juif. Alors j'émets très provisoirement une hypothèse fondamentale : il y a une haine du Juif là où il n'y a plus de Juif ; voire là où il n'y a jamais eu de Juif. Où imprime-t-on le plus d'exemplaires des prétendus *Protocoles des Sages de Sion* ? Au Japon, où il n'y a jamais eu de Juifs. C'est là-bas que cet infâme et très puissant pamphlet se vend par cen-taines de milliers. Alors on a le droit de se poser la question presque surnaturelle : « Quelles sont les racines profondes de ce refus de toute conciliation, de ce refus de tout oubli ? » On oublie d'autres pro-blèmes, mais on n'oublie pas le Juif. Et je voudrais proposer une réponse provisoire, mais qui mainte-nant, à la fin de mes jours, devient pour moi de plus en plus convaincante : le Juif a duré trop long-temps. Personne ne peut dire : « Je suis contempo-rain de Thémistocle ou de César », mais l'identité juive ethnique et historique perdure depuis cinq mille ans – c'est beaucoup. Pourquoi cette longévité ? Il y a un autre peuple sur Terre – et seulement un – qui est de tradition plurimillénaire : ce sont les Chinois. Et là, évidemment, il faut prendre en compte l'immensité du nombre.

Premier fait tout à fait scandaleux – et j'emploie le mot au sens grec, *skandalon*, qui signifie énormité : il y a en ce moment plus de Juifs sur la planète qu'avant la Shoah. On ne devrait pas avoir le droit de dire une telle phrase, c'est indécent ; mais elle est vraie, il y a plus de Juifs vivants, survivants, qu'avant le génocide le plus puissant de l'histoire humaine. Comment, en tant que Juif, survit-on psychiquement à la Shoah ? Comment est-il possible d'éviter une question capitale qui a été posée un peu avant sa mort par un éminent philosophe juif américain, Sidney Hook ? Je la repose. Si l'on vous disait que vos enfants pourraient affronter un nouvel Holocauste, un Auschwitz d'une autre forme, la menace, de nouveau, de l'esclavage et de la destruction, et si vous aviez le choix soit de les amener à se convertir, d'essayer à tout prix de leur faire quitter le judaïsme, soit de ne pas avoir d'enfants, quel serait votre choix ? Telle est la question philosophique qu'il a posée.

D'autres se la sont certainement posée – je me la suis posée à moi-même. Si on savait que la monstruosité et l'inhumain nous guettent à nouveau, ne faudrait-il pas, ou bien faudrait-il tout faire, pour déguiser le passé juif, pour passer de l'autre côté, pour le quitter (ce qui est possible en Amérique, probablement en Angleterre, peut-être en France), ou ne pas avoir d'enfant ?

L.A.   Le quitter ? Est-ce à dire changer de nom et se convertir à une autre religion ?

G.S.   Changer de nom, de culture, essayer de se cacher. Parce que dans une ou deux générations, il y a des chances que cela marche. Eh bien je crois que la grande majorité des Juifs, même totalement non croyants, non pratiquants ne voudrait pas de cette solution. Je le devine – il n'y a pas eu d'examen statistique sur le sujet. Qu'est-ce qui fait que le Juif veut rester juif – Dieu sait que c'est un très mauvais destin ! Le mystère de cette survie, le mystère de ce qui attise la haine chez le non-Juif, un certain sens du monstrueux, c'est je crois que le Juif a signé un pacte avec la vie. Je m'explique. Il semble y avoir une négociation mil-lénaire entre le Juif et la vie elle-même, le mystère de la vitalité humaine. Après dix ans passés en pri-son, souvent en solitaire, Sharansky (le célèbre dis-sident soviétique prosioniste) est échangé – contre un espion qui avait été fait prisonnier – sur un petit pont. Que fait Sharansky ? Il traverse le pont en dansant et en criant des insultes à ses gardes russes ! Il paraît qu'au camp, dans la Kolyma, les gardiens russes avaient peur de Sharansky. Il danse. Il danse comme David devant l'Arche. La danse d'un pacte inextinguible avec la vitalité. Ce n'est peut-être là qu'une métaphore, mais quand on se demande ce qui exaspère les autres, je crois que c'est le mystère de cette survie, de ce refus de disparaître.

On touche à un domaine où il faudrait être un génie en sociobiologie... « Y a-t-il un élément ? » demande Lamarck. « Non, dit Darwin, nous n'avons pas de trait spécifique. » Ces temps-ci on commence à repenser tout Lamarck. Pourquoi est-ce que 70 % des Nobel en sciences sont juifs ? Pourquoi est-ce que 90 % des maîtres d'échecs sont juifs, que ce soit en Argentine ou à Moscou ? Pourquoi les Juifs se reconnaissent-ils entre eux à un niveau qui n'est pas seulement celui de la réflexion rationnelle ? Il y a de longues années, Heidegger disait : « Quand on est trop bête pour avoir quelque chose à dire, on raconte une histoire ! » C'est méchant. Alors je vais raconter une histoire ! Il y a des années et des années, alors que j'étais jeune doctorant, je suis allé à Kiev. Je sors le soir pour me promener, j'entends des pas derrière moi, un homme se met à marcher à mon côté et prononce le mot *Jid*. Je ne savais pas le russe et lui ne savait pas l'allemand, mais nous découvrons que l'un comme l'autre nous savons un peu de yiddish. Je lui dis : « Vous n'êtes pas juif ? — Non, non. Mais je vais vous expliquer. Pendant les années noires des purges staliniennes, des extraterrestres auraient pu atterrir dans le village voisin qu'on ne l'aurait pas su : on ne savait rien ! Mais les Juifs, eux, avaient des nouvelles du monde entier ! Comment ? Nous ne l'avons jamais compris, mais ils savaient ce qu'il se passait. » Une vraie franc-maçonnerie de la communication souterraine. Il a ajouté : « J'ai appris assez de yiddish pour pouvoir au moins leur poser la question : "Que se passe-t-il à Moscou ?" Parce que, eux, ils savaient. »

L.A.   Qu'est-ce que vous appelez la franc-maçonnerie de l'information ?

G.S.   La franc-maçonnerie de l'information signifie pour moi faire partie d'un monde où l'on sait ce qu'il se passe, où l'on ne se laisse pas raconter d'histoires, où l'on sait dire non. Le Juif a toujours su dire non au despotisme, à l'inhumain autour de lui. Il n'a jamais été totalement coupé du monde ; à mon sens, ça fait partie de cette vitalité transcendante qui a négocié un certain pacte avec l'Histoire. Le Juif sait dire : « Nous allons souffrir terriblement, nous allons être les pèlerins, les vagabonds de la Terre, mais finalement nous ne périrons pas. »

L.A.   Que signifie être juif quand on ne reconnaît pas Israël comme l'incarnation du destin politique et quand on n'est pas croyant ?

G.S.   Je réponds à la fois avec une certaine honte et une certaine joie : c'est être assis avec vous dans cette chambre, dans ce salon avec tous ces livres, tous ces CD, pratiquant chaque jour par mes lectures plusieurs langues, essayant d'être celui qui, tous les matins, apprend quelque chose. Pour moi, être juif, c'est rester élève, être celui qui apprend. C'est refuser la superstition, l'irrationnel. C'est refuser de courir chez les astrologues pour savoir quel va être son destin. C'est une vision intellectuelle, morale, spirituelle ; c'est avant tout refuser d'humilier ou de torturer l'autre ; c'est refuser que l'autre souffre de mon existence.

L.A.   Mais là, vous définissez une caractéristique de l'humanité, vous ne définissez pas forcément le caractère d'un peuple ou d'une civilisation.

G.S.   Si, le reste du monde devient de plus en plus sadique, de plus en plus province, nationaliste, chauvin. Il y a aujourd'hui, paraît-il, en Occident, trois fois plus d'astrologues qu'il n'y a de scientifiques. La superstition, l'irrationnel regagnent un terrain formidable. Nous habitons dans une société de kitsch, de vulgarité, de brutalité toujours croissants.

L.A.   Et vous pensez qu'être juif protégerait de ce genre de choses ?

G.S.   Oui, je le crois. Je vais donner un exemple très délicat mais qui me tient à cœur. Jusqu'à maintenant, nous ne connaissons pas un seul cas d'école juive où s'est pratiquée la pédophilie. C'est très important : le Juif tient l'enfant pour sacré. Si du moins ce fait est vérifié (je suis prudent, car que savons-nous des grands secrets ?)... En revanche, à ce jour, partout dans le christianisme la pédophilie s'est accentuée. Il ne me semble pas non plus y avoir un professeur juif qui ait touché sexuellement un enfant. Ni un rabbin, grand Dieu ! Tandis que, pour parler d'un pays que je connais bien, en Irlande, il n'y a pas une école qui y échappe. Mais ici aussi, en Angleterre, les procès pour pédophilie se multiplient. Alors peut-être bien que, pour moi, être juif, c'est être celui qui ne pourrait toucher un enfant, qui ne torturerait pas l'autre. Et qui, quand il lit un livre, a un crayon à la main, convaincu qu'il en écrira un meilleur. C'est cette merveilleuse arrogance juive devant les possibilités de l'esprit : « Je ferai encore mieux ! » S'il y a là un peu de vrai, alors c'est une espèce de privilège infini devant la vie de l'esprit – qui est pour moi la gloire humaine. Cela ne signifie pas nier l'existence de Juifs avares, corrompus (la haute finance, ceux qui achètent Londres, les gangsters russes sont pour une bonne partie des Juifs, et ils sont en train de mettre la main sur l'industrie du luxe), mais c'est dire que ce peuple continue à contribuer de façon démesurée à la gloire des sciences, à la gloire de la philosophie et de la pensée.

Moi-même, je me suis toujours défini comme juif, partout, dans tous mes essais. Dans mon premier livre, *Tolstoï ou Dostoïevski*, dans *La Mort de la tragédie*, toujours. Comme celui qui est en route, fier de ne pas avoir de chez-lui. Et à la fin de ma vie, c'est presque tout ce qu'il me reste, ce qui me définit. Maintenant, cela me manque terriblement de ne pas avoir appris l'hébreu. Je l'ai fait, au début, et puis j'ai été pris par le grec et le latin… C'était une grande erreur.

L.A.   Vous pouvez vous y mettre !

G.S.   C'est un peu tard.

L.A.   Il n'est jamais trop tard.

G.S.   Vient le moment où il est trop tard pour beaucoup de choses.

L.A.   Vous êtes très dur envers l'islam, pourquoi ?

G.S.   D'abord parce que la menace en ce moment se fait de plus en plus cruelle. Et parce qu'il y a deux choses avec lesquelles on ne peut pas négocier. Premièrement, l'abandon de toute science depuis le XVe siècle – les notions de fait, de démonstration rationnelle, de preuve, de théorème ne sont pas reconnues par l'islam. Deuxièmement, le sort réservé aux femmes, le traitement d'une moitié de l'humanité comme inférieure. Pour ces deux raisons, je ne crois pas à l'œcuménisme et je ne crois pas à une entente. Malraux a annoncé que les guerres religieuses du XXIe siècle seraient les plus importantes de l'Histoire. Ce qui pourrait sauver les Juifs, c'est la guerre entre les chiites et les sunnites, qui génère des conflits partout au Moyen-Orient. Il y a en Syrie dix-sept sectes islamiques qui s'entre-détestent plus qu'elles ne détestent le Goyim ou le Juif. La haine entre les sectes islamiques est inconcevablement énorme et cruelle, et sans pardon. Il se pourrait que Dieu nous aide, que le judaïsme en Israël survive grâce aux terribles luttes intestines de l'islam. Ce n'est pas un bel espoir, Dieu le sait, mais on a vu d'autres tristes miracles. Je crois à cette notion que j'ai été, je crois, le premier à formuler : le « triste miracle ».

« Chaque langue ouvre une fenêtre
sur un nouveau monde. »

L.A.   Philonenko dit, à propos de votre œuvre, que c'est « une île vaste dans une mer fermée, entourée de petits îlots, avec un port, dont la place principale est bordée de falaises. L'une de ces falaises s'appelle Babel, et l'autre Antigone. » Êtes-vous d'accord avec cette définition ?

G.S.   Pas entièrement. Babel, oui, si on considère que le problème de la langue, du langage a été durant toute ma vie au centre de mes recherches et de ma pensée. *Antigone*, parce que c'est un des textes les plus beaux qui soient au monde et dont les variantes m'ont permis d'essayer de montrer comment un mythe vit et revit, et prend d'autres formes. Mais ça aurait pu être *Iphigénie*, *Œdipe*, même *Phèdre*, qui ont inspiré d'autres érudits.

L.A.   Au fondement de votre recherche se trouve bien la thématique de la langue, qui n'est pas sans lien avec votre propre biographie. Vous êtes né dans un bain de langues.

G.S.   Mon père estimait que, pour une famille juive, survivre passait par la connaissance des langues, le plus possible de langues.

L'argument selon lequel enseigner plusieurs langues à un enfant pourrait induire chez lui une sorte de désordre schizophrénique me rend fou de rage. Il ne sert que le politiquement correct anglo-saxon et l'impérialisme de l'anglo-américain. Au contraire, il n'y a rien de pire que de limiter l'enfant à une seule langue, lui dire comme on le fait maintenant : « Puisque tu trouves l'anglo-américain partout, à quoi bon perdre ton temps avec ça ? » C'est exact au demeurant : dans les écoles chinoises, on apprend l'anglo-américain ; en Russie, on le rencontre partout ; au Japon, c'est la seconde langue. Mais c'est désastreux, parce que la mort d'une langue est la mort d'un univers de possibilités.

L.A.   On dit communément qu'il y a une langue maternelle qui est principielle en nous. Or il semble que vous avez eu plusieurs langues maternelles. Comment est-ce possible et comment l'avez-vous vécu ?

G.S.   Il y a un passage magnifique chez Proust : le jeune Marcel est en train de traduire le grand critique anglais, le grand philosophe de l'art John

Ruskin. Sept ans de traduction. Proust connaît très peu d'anglais. Alors, la nuit, sa maman fait un premier brouillon – elle avait un anglais superbe – et le met sous la porte. Et que nous dit le jeune Marcel ? « L'anglais est ma langue maternelle. » C'est une leçon très importante. Je n'y crois pas, aux langues maternelles. Dans la Suède de l'Ouest et en Finlande, dès la naissance on a les deux langues, tout à fait différentes et très difficiles. En Malaisie, ce sont trois langues ; on grandit en parlant trois langues. Dans le Frioul, trois langues : le romanche, l'italien et l'austro-allemand. Il y a beaucoup de gens qui sont nés avec plusieurs langues. On exagère énormément le prétendu naturel du monoglottisme.

Maman commençait une phrase dans une langue et la terminait en deux ou trois autres. C'était une grande dame viennoise (tout un concept !), qui avait appris le français. Dans la haute bourgeoisie juive viennoise, on parlait fran-çais couramment. Nabokov maîtrise l'anglais avant le russe. Il nous dit en tout cas avoir écrit d'abord des vers anglais. Pour Nabokov, Byron vient presque avant Pouchkine ; et sa nounou – capitale dans l'histoire – lui parlait anglais. Burgess, cet Anglais merveilleux, insiste sur le fait qu'il est un Burgess de Northumberland, dans le comté de York, où il « avait des ancêtres ». Sans parler d'Oscar Wilde (qui a écrit plusieurs chefs-d'œuvre en français), de Conrad (qui quitte le polonais pour l'anglais). Et Beckett... Personne ne sait ce qu'étaient les brouillons de Beckett. J'ai essayé de montrer dans mon livre *Après Babel* que c'était probablement un mélange presque inconscient de son français et de son anglais avec une bonne dose d'italien. Ses premières œuvres, quand il est secrétaire de James Joyce, sont en italien. Elles portent sur Dante et l'italien. Et Beckett est peut-être le plus grand de notre littérature moderne. Il crée une sorte de territoire volcanique, un magma volcanique où les langues s'entremêlent. D'ailleurs, il a pu faire ce que personne – ou presque – n'a su faire dans l'histoire de la littérature : il a pu transférer des blagues d'une langue à une autre. Et ça, c'est ce qu'il y a de plus difficile. C'était un virtuose de Babel.

Loin d'être une malédiction, la polyphonie et la polyglottie sont une chance extraordinaire. Chaque langue ouvre une fenêtre sur un nouveau monde. Il y a un contre-argument, je le sais. Il y a ceux qui, pendant des années, m'ont marginalisé à Cambridge et en Angleterre, et qui me marginalisent encore, avec ce délicieux mot : « Monsieur Steiner est un savant continental. » Il fallait le trouver ! Un savant continental... Il n'est pas des nôtres. Pourquoi ? Parce qu'il y a, ici aussi, le culte barrésien du sang et des morts : seul celui qui est enraciné (autre terme barrésien) dans une langue natale a un immédiat de sensibilité, de réflexe, que jamais ne peut avoir un polyglotte ou un *outsider*. C'est possible. C'est tout à fait possible qu'il y ait des poètes dans la langue anglaise, américaine, dont la profondeur m'échappe, bien sûr. C'est-à-dire que je peux les valoriser mais jamais rivaliser avec ceux qui se sentent totalement de cette langue et d'aucune autre.

On ne peut pas tout avoir. Je n'aurais pas voulu être monoglotte ; je ne peux pas me l'imaginer. J'ai enseigné la littérature anglaise pendant cinquante ans ; j'espère avec un certain bonheur. Je suis allé à Paris visiter la tombe de Paul Celan qui, tout autant que Hölderlin – de loin le plus grand poète de langue allemande –, est intraduisible. Déjà, et c'est très grave, vous et moi devons lire la Bible dans de mauvaises traductions, parfois glorieuses mais au fond mauvaises. Ne pas savoir l'hébreu est une première barrière devant l'une des sources de notre humanité. Le grec ancien, en traduction ? N'en parlons pas. Et puis nous sommes coupés de la Chine, du Japon. Je ne lis pas le russe. À la fin de sa vie, mon prédécesseur immédiat comme critique principal de la revue américaine *The New Yorker*, Edmund Wilson, alors qu'il se savait mourant, prend un professeur pour apprendre le hongrois – une langue diablement difficile. Il explique : « On me dit que certains poètes sont tout aussi grands que Pouchkine et Keats. Je veux savoir ! » Il pensait à Ady, Petőfi. C'était une chose magnifique. « Je veux savoir, ne pas me laisser raconter des histoires. » Et si je n'étais pas paresseux, je serais moi-même en train d'essayer d'apprendre encore une langue ou une autre. Moi aussi j'aimerais savoir.

L.A. Quel regard portez-vous sur l'actuelle domination de l'anglo-américain, à l'échelle mondiale ? Et que penser de la situation du français ?

G.S. Une langue, c'est une façon de dire les choses, tout simplement : le verbe au futur – qui s'appelle l'espoir dans certaines langues – est différent dans chaque langue. L'attente du potentiel de l'aventure humaine, de la condition humaine varie de langue en langue. Tout autant que le souvenir, que l'immense masse du souvenir. Si nous devenions une planète monoglotte, ou presque monoglotte, cela serait une perte tout aussi grande que celle de la faune et de la flore (que, comme vous le savez, nous sommes en train de détruire partout dans le monde), cela serait un appauvrissement terrible. Et je n'ai pas besoin de vous dire combien est inquiétante la situation du français face aux conquêtes anglo-américaines.

Cela dit, la victoire de cette langue, ô ironie, de cet espéranto industriel, technologique, scientifique, économique, fiscal ne se rattache pas seulement à la puissance politique de l'Amérique. D'une façon qui est encore difficile à expliquer, l'anglo-américain est plein d'espoirs, plein de promesses, tandis que, dans d'autres très grandes langues, il y a maintenant une fatigue et une tristesse évidentes. Quelle riche matière à étudier ! Certaines langues sont écrasées par la domination du continent américain, tandis que, dans d'autres, une vitalité nouvelle s'installe. L'Espagne est en train de prendre le rebond des grands écrivains de l'Amérique latine, et ça donne un essor formidable. Le Portugal de José Saramago et de António Lobo Antunes (à mes yeux l'un des plus grands écrivains européens) a repris l'avantage sur le Brésil – qui a lui-même une très grande littérature. Dans d'autres cas, ça écrase.

Le destin de la langue anglaise, ici en Angleterre, est incertain parce que, pour les jeunes, c'est une sorte d'anglo-américain qui l'emporte. Le romancier qui fut un temps (« qui fut », j'insiste sur le passé) le plus prometteur de sa génération, le jeune Martin Amis, a écrit un texte intitulé *Money*, où il manie cette nouvelle langue américaine avec un brio incomparable. Mais ça n'a pas vraiment marché.

Pour un écrivain anglais, devenir américain, ce n'est pas facile, cela crée des trappes psychologiques très profondes. Et d'où vient l'anglais qui vit maintenant ? Des Caraïbes, de l'Inde, du Pakistan (ce sont Salman Rushdie, Naipaul...), et avant tout d'Irlande, d'une Irlande qui a une tradition d'indépendance linguistique formidable. C'est de là, c'est de la marge de l'anglais classique que viennent les nouvelles forces vitales.

La petite Manche entre la France et l'Angleterre est d'une certaine manière plus large que le Pacifique ; les deux langues, les deux visions du monde qu'elle sépare sont profondément et radicalement différentes. D'un côté, il y a eu cette grande école de moralisme français qui maintenant, peut-être, est en train de s'éteindre un peu, mais qui reviendra. La pensée française a toujours eu cette dimension (certainement depuis le XVIIᵉ), elle s'adresse à l'homme, à l'universalité morale de l'homme. C'est très différent de la philosophie allemande et de la tradition anglaise. La métaphysique n'a jamais eu bonne fortune en Angleterre, mais, d'un autre côté, l'empirisme anglais, l'ironie anglaise, le scepticisme de Hume, de Bertrand Russell ont eu un impact planétaire. Il ne faut jamais oublier que l'Angleterre se trouve devant ce paradoxe : c'est une petite île en déclin économique et politique, profondément blessée par des guerres qu'elle n'a pas gagnées ou qu'elle a gagnées de façon paradoxale, avec une langue qui domine la planète. De cette petite île sort Shakespeare et la langue anglaise utilisée dans le monde entier. J'ai beaucoup voyagé et, partout où je vais, l'anglais vient à ma rencontre. Que ce soit en Chine, parmi mes élèves japonais, ou encore dans l'est de l'Europe.

Valéry – que j'idolâtre, mais qui pouvait dire des bêtises merveilleuses – a déclaré : « On me dit qu'on peut apprendre l'anglais en vingt heures. Je réponds qu'on ne peut pas apprendre le français en vingt mille heures. » Belle boutade très bête, mais merveilleuse. Il est effectivement vrai – j'ai enseigné toutes ces langues – que l'anglais, non seulement s'apprend vite, mais contient un message d'espoir. Comment dire ? Il y a dans l'anglais le tapis roulant vers demain. L'anglais est plein de promesses ; il nous dit : « Ça ira mieux demain. » La déclaration d'indépendance américaine contient la fameuse expression : « la poursuite du bonheur ». C'est quelque chose que de dire à l'humanité : « Va poursuivre le bonheur ! » ; ce n'est pas du tout évident. Il n'y a pas dans cette langue les grands désespoirs, les grandes apocalypses du russe, du français, cette vision métaphysique de la damnation de l'homme, du péché originel. L'anglo-américain n'y a jamais cru.

L.A.   Je ne vois pas d'ordinateur chez vous.

G.S.   Je suis d'une ignorance technologique à faire hurler. Je n'arrive même pas à comprendre comment marche le téléphone. D'ailleurs, je ne crois pas que vous le compreniez non plus. Il y a un bluff inouï des gens. Nous sommes entourés d'instruments auxquels nous ne comprenons rien. Le Kindle, l'iPod, Twitter. Je connais leur existence grâce à mes petits-enfants qui sont des virtuoses de ces arts magiques. Tout cela repose sur l'anglo-américain, sur une économie de la parole et une économie de la syntaxe. Faisons attention. Si l'ordinateur et les premières langues pour ordinateurs – qui reviennent à Shannon en Amérique et à Turing en Angleterre –, si leur invention avait été développée en Inde, et si les premières formules d'écritures informatiques avaient été fondées sur la grammaire hindoue, le monde serait différent. La planète ne serait pas celle que nous connaissons. Il existe une coïncidence fantastique entre la nouvelle conception du langage minimal et la structure naturelle de l'anglo-américain. Pourquoi l'allemand rend-il les gens fous et permet-il tout en philosophie ? Parce que le verbe vient tout à la fin de phrases interminables. C'est-à-dire qu'on peut hésiter, se reprendre, qu'on peut se dire « ou, ou, ou » pour finalement tomber à plat ventre sur le verbe. Cela a permis tout le style de Hegel, de Schopenhauer, de Kant et de Heidegger. Avec l'anglais, ça ne marche pas.

L'anglais a dit aux gens, non pas illettrés ou incultes – évitons ces mots brutaux –, mais à ceux qui ne sont pas privilégiés pour les langues, il leur a dit : « Vous aussi, vous pouvez tout ce que vous voulez. » Il y a cette grande promesse d'une éloquence de langue simple.

Notez, il y a beaucoup de pays – la France, par exemple – où, si l'on fait des fautes de grammaire, des bévues, et si l'on tâtonne avec la langue, c'est très mal vu. En Amérique on associe le manque d'éloquence à l'honnêteté : quelqu'un qui parle mal doit être quelqu'un d'honnête, il n'est pas en train de nous raconter des histoires. Ça, c'est très profond comme dialectique, comme antithèse à la civilisation romaine et française. En France, il faut savoir bien parler et les grands leaders français ont souvent été d'une éloquence magnifique. La France a produit un Bossuet, un de Gaulle, et bien d'autres. En Amérique, le vocabulaire fondamental se limite à près de huit cents mots. Des études ont été menées par la compagnie de téléphone Bell : avec quatre-vingts mots, on arrive presque à dire tout ce qu'on veut. Dans d'autres langues, la richesse immense du vocabulaire définit une sorte d'élite sociale, d'élite de l'éducation ; c'est très différent.

L.A.   Il y aurait donc un parler différent selon les langues. Mais aussi selon les sexes, si l'on se réfère à une autre partie de votre travail pas toujours assez mise en lumière, à savoir l'éros du langage. Qu'est-ce que cet éros du langage ? Qu'est-ce qu'il véhicule ? Dans *Après Babel*, vous abordez un thème absolument passionnant et très peu défriché par les chercheurs : vous osez dire qu'il y a peut-être un parler féminin.

G.S.   J'en suis de plus en plus convaincu, et c'est effectivement un thème d'une richesse énorme. Il y a certaines langues, en Sibérie du Nord, dans l'arc des langues altaïques, mais aussi en Asie du Sud-Est, où il y a effectivement un langage pour les femmes et un langage pour les hommes. C'est-à-dire que les femmes n'ont pas le droit d'employer certaines formes syntaxiques ; et le vocabulaire masculin, elles doivent le connaître pour l'enseigner à leurs fils. C'est une des ironies de l'injustice de la condition féminine ; mais elle se trouve là vraiment cristallisée, ancrée dans la forme.

Dans nos langues, il y a eu des millénaires où les femmes parlaient entre elles. Elles ne se mêlaient pas des discussions politiques, sociales, théologiques des hommes. Les femmes ont dû développer des habitudes de références, d'allusions, de compréhension presque organiques qui leur sont propres. L'entrée de la femme dans le discours général est toute récente. Moi, j'ai connu une Angleterre – à Cambridge et à Oxford – où, encore, après le dessert, les dames quittaient la table pour s'installer dans une autre salle. Les hommes restaient ensemble et on parlait politique, on parlait « sérieux ». Cette grotesque convention s'éteint, Dieu merci, à présent. Mais songez ! Il y a certains *colleges* à Oxford ou Cambridge – la pratique disparaît peu à peu – où, aux grandes fêtes, aux grands dîners, les hommes en talar et en frac dînent assis aux longues tables du réfectoire tandis que les femmes sont dans une galerie. Il en va de même dans la synagogue juive, comme je le souligne souvent par taquinerie.

Le discours féminin doit avoir des racines très profondes dans l'expérience que vit la femme devant l'enfant – que jamais l'homme ne partage totalement – et devant le sexe, bien sûr. Nous avons réfléchi à ce donjuanisme des langues. Ce qu'une femme pourrait nous dire là-dessus (j'entends une femme qui aurait fait l'amour en d'autres langues que la sienne), ce serait immense. C'est, de nouveau, une autre planète.

Le roman est devenu très largement le domaine de la femme. C'est elle qui le domine. Et le roman est précisément la forme multilingue, polyglotte par excellence, mettant en scène différents niveaux de discours et de vocabulaire. Virginia Woolf en était formidablement consciente ; elle a écrit là-dessus. Les grandes romancières contemporaines ont aussi découvert l'incompréhension liée à la différence de genre ; il y a un côté sombre à tout cela. Au fond, nous nous comprenons très mal. Toutes les plaisanteries idiotes et vulgaires, du genre « quand une femme dit non, elle veut dire oui », ont une base sémiologique (le mot n'est pas le bon, mais je n'en touve pas de meilleur), une base authentique et très profonde. De fait, dans les moments essentiels de l'échange, il y a très souvent des dialogues de sourds, comme on dit en français. Et il y a chez beaucoup d'hommes un sentiment enfantin (« on ne me comprend pas »), une sorte de ressentiment profond face au langage féminin, qui est de plus en plus puissant. Qui aurait pu prévoir la campagne électorale qui opposa Mme Clinton et Mme Condoleezza Rice, toutes deux femmes de talent, dotées d'un charisme bien supérieur à celui de ce misérable troupeau de candidats masculins ? Dans d'autres pays également, la montée des femmes va peut-être délivrer un discours politique, un discours sociologique très nouveau. Oh ! cela va être une grande aventure.

Qu'il y ait par ailleurs dans le grand art beaucoup de compensation pour des souffrances ou des injustices, j'en suis convaincu. Ce qui pose ce problème infiniment épineux : pourquoi la femme ne crée-t-elle pas plus ?

L.A.   Parce que l'homme l'en empêche.

G.S.   Mais non ! Personne n'a empêché la sœur de Pascal de créer. On lui enseignait les maths, mais c'est lui qui, à neuf ans, redécouvrait tous les théorèmes d'Euclide. Mais non, mais non, c'est beaucoup plus compliqué que cela. Nous avons aujourd'hui des femmes romancières remarquables en Angleterre et en France aussi. Le mouvement ne fait que croître. En poésie, hélas, cela demeure très rare. Cependant, deux femmes forcent l'admiration : Akhmatova et Tsvetaïeva. Mon hypothèse, sans doute d'une bêtise totale, est que, si on peut créer la vie, si on peut avoir un enfant, il est fort possible que la création esthétique, morale, philosophique ait moins de poids. Mais ce n'est qu'une hypothèse. Certaines femmes sont furieuses quand on dit cela. Elles n'acceptent pas un tel propos – et peut-être ont-elles raison. Aurons-nous dans les générations à venir de très grandes femmes ? En science, on se pose la question. À Cambridge (qui est la première université du monde pour les sciences, avec le MIT et Stanford), on essaye de recruter des jeunes filles douées dans toutes les écoles et tous les collèges. C'est une campagne soutenue par le gouvernement, qui donne des bourses... Je ne peux qu'approuver ce genre d'initiatives car pour elles c'est encore plus difficile que pour les garçons.

L.A.   Vous avez de la chance, parce que chez nous, en France, les filles sont plutôt mises de côté.

G.S.   On essaye, on essaye.

L.A.   Les Britanniques sont plus féministes que les Français, manifestement.

G.S.   Elles arrivent brillamment à faire leurs études, et puis elles redescendent, et on ne sait pas pourquoi. C'est un sujet passionnant, qui nous montre de nouveau à quel point les outils de la psychologie sociale et de la psychologie collective sont primitifs. C'est un outillage encore rudimentaire. Qu'est-ce qu'on a vraiment appris depuis Durkheim, ce très grand monsieur ? D'où vient ce germe, ce virus de la création qui veut dire « je peux changer le monde » ? Peut-être la femme a-t-elle trop de bon sens ? Et le bon sens, quoi qu'en dise Descartes, est assez mal distribué ; et le bon sens est l'ennemi même du génie. Le bon sens, c'est ce qui affaiblit l'irrationalité, l'arrogance.

L.A.   Mais vous êtes macho, George !

G.S.   Non, je respecte les faits. J'attends. J'attends.

L.A.   Vous attendez, mais il y a des femmes qui ont déjà existé, qui existent en ce moment même et qui sont de grandes créatrices. Alors (je vais vous faire bondir), pour reprendre votre hypothèse selon laquelle les femmes ne peuvent pas créer parce que justement elles ont la chance de pouvoir donner naissance et que ça les empêcherait d'être créatrices, je vais citer trois noms de philosophes femmes. Comme par hasard, ces femmes n'ont jamais eu d'enfants ; est-ce un hasard ou était-ce une nécessité ? En tout cas elles ne l'ont pas souhaité. Alors : Hannah Arendt, Simone de Beauvoir et Simone Weil. Qu'en dites-vous ?

G.S.   Je n'accepte pas du tout votre jugement. J'ai eu le malheur de rencontrer Hannah Arendt... Très peu de son œuvre, je crois, est de premier ordre. Une dame qui écrit un vaste tome sur les origines du totalitarisme en ne disant pas un mot sur Staline parce que son mari était un vrai communiste-staliniste ? Non merci.

Simone Weil ? Le général de Gaulle a dit : « Elle est folle ! » Ce qui est un jugement difficile à réfuter. Il y a des choses magnifiques...

74

L.A. Pourtant, vous lisez très régulièrement Simone Weil...

G.S. Il y a de très belles choses chez elle, mais très peu. Et là, écoutez, permettez-moi des préjugés aveugles et primitifs. Une femme qui refuse d'entrer dans l'église catholique en disant qu'elle est trop juive au moment d'Auschwitz ? Non merci. Et ça ne se pardonne pas ! S'il y a un jugement dernier, cette dame est en grande difficulté. Et la troisième, vous avez dit ?

L.A. Simone de Beauvoir.

G.S. C'était une dame formidable. Quelle chance elle a eue avec M. Sartre... Quelle chance ! Ça, c'était un choix d'une intelligence...

L.A. Moi, je crois que c'est Jean-Paul Sartre qui a eu beaucoup de chance.

G.S. C'est tout à fait possible... Bien sûr, on l'admirait énormément. Il y a certainement des exceptions. Mais pourquoi dans les sciences, où vraiment toutes les chances sont ouvertes (et aux États-Unis on encourage positivement la femme), ne trouve-t-on pas davantage de femmes ? Dire que les membres du Comité Nobel sont des machos bourrés de préjugés... non, je ne le crois pas. On cherche des femmes à la cime des sciences ; on en cherche pour la médaille Fields (l'équivalent du Nobel en mathématiques). J'ai des collègues qui me disent très mal comprendre ce qu'il se passe là. Peut-être que cela va changer.

L.A. Dans votre livre, intitulé *Les Livres que je n'ai pas écrits* (2008), au chapitre qui parle de l'amour et des femmes, vous dites que les femmes ne sont pas assez créatrices dans l'histoire de l'humanité. Mais vous, auriez-vous été aussi créateur si vous n'aviez pas rencontré sur votre chemin des femmes que vous avez aimées, qui vous ont aimé, avec qui vous avez fait l'amour, et qui, dans l'acte même de l'amour, vous ont appris des choses sur le langage et le sens de l'existence ?

G.S. C'est infiniment vrai, mais, pourquoi est-ce que l'on n'a pas le livre d'une femme, d'une femme Casanova qui raconte son côté de l'équation ? Il n'existe pas, ce livre. Ne serait-il pas temps ? La pornographie de certaines dames françaises, n'en parlons pas. C'est vraiment enfantin d'ordures. L'ordure peut être très intéressante et compliquée ; elle l'est chez certains grands écrivains. Mais j'ai essayé de montrer qu'il y a un donjuanisme des langues, que chaque langue a des tabous différents, a des niveaux différents d'engagements argotiques (l'argot sexuel est d'une richesse infinie), et constitue une expérience totalisante très différente des autres. C'est une aventure infinie. Et s'il y a une phrase dont je suis très fier, c'est celle-ci : la traduction simultanée, c'est l'orgasme. L'inverse est vrai aussi : l'orgasme – qui est très rare –, c'est la traduction simultanée. La dame avec laquelle je suis et moi, on partage la langue, à ce moment délicat. Ce n'est pas à ce moment-là qu'on parvient à l'orgasme. Mais l'acte de la traduction possède aussi un côté érotique très compliqué.

L.A.   Ne repartez pas sur le terrain intellectuel et restons sur le terrain sexuel puisque vous l'abordez frontalement dans votre livre. Je ne sais pas qui est Suzanne, mais avec Suzanne... vous en faites, des choses : « dard, lance d'amour, manche, nerfs, foutre [...], chevauchée était trop banale pour mériter plus d'un demi-point. Trois points pour trou mignon ou trou velu. Un en prime si on avait correctement construit, enfilé, la petite cuisson. Après quoi, plus ou moins déshabillée, Suzanne préparait l'un de ses plats bretons dont la saveur maritime ou la pointe de cognac n'avait pas de secret pour elle. » Plus vous avancez en sérénité, plus vous êtes *hard*.

G.S.   Mais je suis joyeux, aussi. On dit que la joie n'est pas mon fort, mais c'est faux. Et d'ailleurs, songez à la parole de Nabokov : « Il n'y a que la fiction qui dise le vrai. » Attention.

L.A.   Oui oui oui oui... vous parlez de Lolita, mais moi je reviens à George, que j'ai en face de moi.

G.S.   Non, il y a dans ce chapitre, bien sûr, une grande partie de fictions et d'allégories.

L.A.   Et pourtant vous avez dédicacé ce dernier livre à votre femme ; c'est pour faire oublier les Suzanne. Mais il n'y a pas que les Suzanne, il y a aussi A. M. Alors elle, elle n'a droit qu'à ses initiales. Alors : « A. M. était fière de l'épaisseur de son buisson ardent. Les jardins sont le cadre des rendez-vous des sortilèges sexuels. D'abord, ma langue devait effleurer, simplement effleurer, la rosée des pétales extérieurs. La pénétration pouvait s'ensuivre, seulement, avec un rallentado et une légèreté presque insupportable. Les violettes devaient être... » J'arrête là parce que c'est...

G.S.   Mais c'est très beau.

L.A.   Mais pourquoi avez-vous mis tant de temps à nous raconter tout cela ?

G.S.   Le chapitre sur le donjuanisme des langues existait dans un coffre depuis *Après Babel.* Je ne l'ai jamais publié parce que les presses d'Oxford ne l'auraient certainement pas permis à cette époque-là. Mais j'en ai toujours rêvé, et quand j'ai atteint le point où je me fiche d'autrui éperdument, je me suis dit : « Voilà ! Fais sourire, fais rire ! Ris toi-même dans tes souvenirs. » Et il n'y a que Casanova qui nous donne un certain matériel là-dessus, et qui a vraiment vécu l'amour polyglotte ; c'est très rare. Nabokov, oui. Je relis en ce moment *Ada ou l'Ardeur,* il y a des moments magnifiques de sexualité polyglotte chez Nabokov

– qu'il a vécus aussi, et à quel point ! Pas, hélas, chez Burgess, qui est trilingue et qui connaît l'amour, mais d'une autre façon.

Il y a des auteurs bien plus grands que moi qui ont abordé ce problème, mais je voulais, pour une fois, qu'on rie un peu de moi, qu'on sourie d'un auteur auquel on reproche toujours d'être trop noir.

L.A. Non seulement on rit mais on est enchanté par cette analyse à la fois pénétrante – sans mauvais jeu de mots – de vos aventures érotiques, et par l'approfondissement d'une thématique qui est essentielle dans votre œuvre : les rapports entre sexe et langue.

G.S. Mais oui, c'est un domaine immense à peine effleuré. On ne sait quasiment rien sur la rencontre entre le système qu'on appelle parasympathique (une composante du système nerveux : une partie de la sexualité vient au cerveau) et les centres cérébraux régissant la langue. Pourtant, l'homme est un animal de langage et la sexualité humaine est pénétrée d'éléments linguistiques auxquels on ajoute de nouveaux éléments que très rarement… Ajouter aux ressources érotiques d'une civilisation, c'est infiniment rare, même pour un grand écrivain. Proust le fait avec la petite phrase « faire cattleya ». Ça change tout. Nabokov le fait avec *Lolita* ; depuis, à tous les coins de rue, il y a des Lolitas. Personne ne les avait vues avant. C'est une des inventions les plus

79

formidables de la perception. Mais c'est très rare qu'on ajoute ainsi aux répertoires des perceptions, de la sensibilité humaine et de la sensibilité linguiste une nouvelle possibilité de vivre l'éros.

Nous avons tous des phrases talismanesques, des phrases qui nous rattachent à la vie. Pour moi, l'une d'entre elles est l'expression de René Char : « sereine crispation[1] ». C'est exactement ça, certains moments de l'amour : une sereine crispation. Personne n'avait mis ces deux mots ensemble avant Char. Et c'est une des phrases qui, vraiment, définit le bonheur dans l'amour. La tension, la paix – et la paix qui n'est pas une paix. Mais pour trouver cela, il faut du génie.

L.A.   On a l'impression, à lire votre chapitre, justement, sur l'amour, la sexualité et la langue, qu'on ne peut pas éprouver du plaisir, ni de la jouissance dans l'acte d'amour si celui-ci ne s'accompagne pas de paroles.

G.S.   Je pose la question : quelle est la vie érotique des sourds-muets ? Aucune réponse. Je peux vous citer une demi-douzaine d'articles importants sur l'aveugle ; cela a été étudié avec des témoignages très intéressants. Rien sur le sourd-muet. Et comment est-ce qu'ils se « parlent » ? Il est certain qu'il y a plein d'individus, peut-être des millions, qui vivent l'acte sexuel en silence. C'est très

_____
1. *À une sérénité crispée*, 1951.

80

probable. Je le suppose, même s'il n'y a aucun moyen de le prouver. Mais chez l'être qui a la veine d'avoir une certaine culture, une certaine éducation, un certain sens esthétique, que se passe-t-il ? À l'Institut, à Princeton, les jeunes mathématiciens rentraient le soir et ne pouvaient rien raconter à leurs femmes de leur travail. Pas une syllabe. Mais un jour une épouse nous a expliqué : « Quand ça marche, au lit, certains soirs, c'est ma seule façon de savoir que la journée a été créative pour lui. » Elle avait raison. C'est très honnête comme raisonnement. Bien sûr que nous avons la possibilité de faire sentir à l'autre le débordement soit de la joie, soit de la déception, soit de la tristesse. Mais là, il y a des cas limites qui m'intéressent beaucoup : ce sont ceux où les êtres intimement liés n'ont pas de langage en commun.

L.A.   Je pense à ce que vous disiez des échecs : que n'importe où dans le monde, quand vous êtes en voyage, vous pouvez entrer dans un bistrot et trouver tout de suite un langage.

G.S.   Songez que, dans le cas des échecs, les règles sont fixées : il n'y a pas besoin de traduction ; il n'est pas nécessaire, même, de se présenter ; il y a un merveilleux anonymat du partage ; il y a une liaison immédiate. Pour le désir, oui, il peut être muet. Tout le monde sait ce que c'est que le coup de foudre, l'amour à première vue ;

ça ne s'explique pas. Cela arrive, cela arrive certainement : un regard, un geste, et cela peut décider d'une vie.

L.A. Cette question d'un langage muet, vous l'abordez frontalement dans *Poésie de la pensée*. Que signifie le silence ?

G.S. Dès mes premiers essais, *Langage et silence* notamment, j'ai essayé de comprendre ce qu'il se passe là où la parole ne pénètre plus. Nous avons parlé déjà des mathématiques et de la musique comme les deux grandes voix du silence. Un épisode, que j'ai vécu très jeune à Princeton, a été décisif pour moi : la porte était ouverte et un groupe de mathématiciens travaillait au tableau noir avec une rapidité vertigineuse, la rapidité avec laquelle ils écrivent à la craie des formules algébriques topologiques. Il y avait là des Japonais, des Russes, des Américains. Silence total. Parce qu'ils n'avaient pas la même langue, ils ne pouvaient pas se comprendre linguistiquement. Ils s'entendaient parfaitement dans le silence de leurs pensées. Ça a été une énorme révélation pour moi.

Il y a toutes sortes de communications en dehors et au-delà de la parole. Mallarmé a essayé de nous faire comprendre ce que sont les grands blancs entre les lignes ; il y a dans la musique des silences décisifs. J'ai essayé de comprendre un peu mieux, aussi, pourquoi il y a des choses qu'il ne faut pas essayer de dire. L'expérience ultime de la Shoah, mais aussi certains moments d'éros et de langage, ce sont des thèmes que j'ai beaucoup travaillés.

Chaque langage a son éros, son jargon sexuel, chaque langage a ses boutades érotiques. Mais il y a ceux qui disent que dans l'amour réel doit régner le silence. Il y a des cultures qui privilégient l'expression érotique et d'autres où elle est totalement taboue. Je continue à me passionner pour cet échange entre les possibilités du dire et les possibilités de l'amour, de la jouissance. Il est très rare qu'on puisse donner une date de naissance précise à un grand mouvement de l'esprit, mais dans le cas qui m'occupe, ce doit être à peu près les années 1910-1912, un après-midi, chez le père très célèbre de Virginia Woolf et de sa sœur Vanessa (qui étaient alors les deux beautés de Londres). L'écrivain humoristique, brillant, ironique, Lytton Strachey, arrive et prend une tasse de thé. Vanessa entre dans la chambre, vêtue d'une ravissante robe d'été blanche. Il y a une tache sur la robe, et il prononce le mot « sperme ». C'est la première fois, d'après ce que nous savons, que le mot « sperme » a été dit en public, à haute voix, dans un cercle cultivé et bourgeois. C'était inconcevable. À partir de ce moment-là, tout commence à devenir possible.

Il y a des crises linguistiques associées à la libération sexuelle moderne, et des tabous. Il serait intéressant de se demander aujourd'hui : qu'est-ce qui est tabou ? Qu'est-ce qui serait illégitime, qu'est-ce qui serait défendu ?

L.A.   Dans *Poésie de la pensée* (2011), vous posez cette question, qui est finalement maîtresse au sein de votre œuvre : « La philosophie est-elle ce qui n'est pas dit ? » Dans cette dialectique du langage et du silence, comment situez-vous l'entreprise philosophique ?

G.S.   Toute ma vie, j'ai été très jaloux des mathématiciens et des musiciens. Pourquoi ? Parce qu'ils manient une langue vraiment universelle, comme nous l'avons rappelé.

Le problème des langues, c'est qu'à tout moment nous devons traduire. Lorsque je vous parle, nous ne cessons de traduire des choses au sein d'une même langue : on essaye de se comprendre. Personne n'a exactement le même emploi des mêmes mots. Il y a autant de paroles qu'il y a d'être humains. Alors je me suis posé la question : un philosophe qui, après tout, cherche des vérités universelles, comment est-ce qu'il se débrouille avec la résistance de la langue ? Et c'est là, je crois, qu'il va rencontrer les grands écrivains. Inversement, ceux qui luttent avec les langues et qui nous racontent leur lutte – chaque poème est une lutte avec la parole – vont rencontrer les problèmes du philosophe. J'ai écrit *Poésie de la pensée*, un livre auquel j'ai réfléchi presque toute ma vie, parce que j'ai vécu à la fois parmi les philosophes et certains très grands poètes.

La France a une tradition magnifique de penseurs qui sont aussi parmi les plus grands écrivains, et de grands écrivains que tout philosophe doit prendre en compte. Et là – vous allez rire parce que cela fait très vieux jeu –, je me réclame de la pensée d'Alain, qui reste intensément présente pour moi. Lui aussi a toujours dit : « Lire Stendhal ou Balzac, c'est faire de la philosophie. » On pourrait également songer à l'homme qui a dominé toute notre jeunesse, Jean-Paul Sartre. Que veut M. Sartre ? « Je veux être Spinoza et Stendhal ! » C'est une ambition presque démesurée, mais il s'en est approché.

L.A.   Pourquoi Jean-Paul Sartre a-t-il réussi, alors qu'il ne parlait aucune autre langue que le français, à édifier cette œuvre philosophique, littéraire, intellectuelle et politique aussi considérable ? Ce serait un contre-exemple dans votre théorie de Babel.

G.S.   Descartes le fait par son latin ; Leibniz le fait par son latin. Être monoglotte n'empêche pas nécessairement d'être universel ; ça fait partie du génie littéraire et philosophique. Mais attention ! Les grands pavés philosophiques de Sartre, qui les lit encore ? Et qui les a lus à l'époque ?

L.A.   Je fais partie d'une génération qui les a lus, comme beaucoup d'autres lecteurs.

G.S.   Oui, mais pas à l'étranger. Il y a un côté très parisianiste dans l'existentialisme de Sartre. Il y a un côté tout à fait magnifiquement local ; on peut répondre que le local, c'est le centre. Très bien, mais ce n'est pas certain. Camus a sans doute eu une influence mondiale beaucoup plus grande que Sartre. On oublie que *La Peste* ou *Le Mythe de Sisyphe* ont été traduits dans le monde entier, dans les langues orientales, en Chine, au Japon, dans les langues africaines... Là, il y a quelque chose d'autre : il y a précisément le génie du narrateur, du créateur de mythe.

L.A.   Donc vous faites partie de ceux qui votent pour Camus dans ce combat qui les a opposés tout au long du XX\ :sup:`e` siècle ?

G.S.   Oh non, il faut absolument lire les deux ! Et avant tout, il faut lire Merleau-Ponty qui a été d'une droiture, d'une intégrité de pensée, d'une honnêteté fondamentales – ce qui n'est pas toujours le cas de Sartre.

L.A.   La force des mathématiques, de la musique, d'une certaine forme de poésie de la pensée est, si je vous comprends bien, d'atteindre à l'universel sans le truchement du langage, sans nécessiter de traduction pour être accessible à tous. Devoir être traduit signale-t-il donc une faiblesse ? Peut-on, au demeurant, tout traduire ?

G.S.   Une œuvre véritable devrait résister à la traduction, même s'il y a des contre-exemples. Il paraît qu'un *Hamlet* monté dans un asile de fous,

en swahili, est magnifiquement fort et convain-
cant. Shakespeare se traduit dans toutes les
langues. Les films japonais sur Shakespeare me
semblent plus importants, plus profonds que les
nôtres. Néanmoins, il y a des géants qui ne se
traduisent pas. Tout Russe vous dira, les larmes
aux yeux : « Vous ne comprendrez jamais un mot
de Pouchkine, même dans la plus belle traduction. » Il y a certainement de très grands poètes
qui se traduisent très mal, et même des prosateurs.

La grande œuvre est celle qui, toujours et de
façon mystérieuse, dit à la fin de la lecture : « Il
faut recommencer. Première tentative. Essayons
de nouveau. » C'est Beckett, Beckett qui arrive à
tout dire – on devient fou d'envie devant Beckett –,
qui écrit : « Il faut faillir mieux (*fail better*) ». À
chaque nouvel essai, la prochaine fois, je rate
mieux. C'est ce que j'ai toujours dit à mes élèves :
essayons à la prochaine lecture de rater mieux.

L.A.   Il paraît que, quand vous enseigniez Shakespeare, vous le chantiez à vos étudiants. Est-ce
vrai ?

G.S.   Enseigner Shakespeare, c'est essayer de dire
à chaque cours : « C'est du théâtre, mesdames et
messieurs. » L'idée que, dans un grand séminaire
d'université, dans une salle de conférences, on
enseigne Shakespeare ? Il en aurait eu horreur.
Pour moi c'est un comédien suprême, c'est un
écrivain de script qui aurait été passionné par la

télévision. Songez à ce que Shakespeare aurait fait avec la télévision ! C'est un homme de théâtre, infiniment. Il recommence, il manipule cinq versions de la même scène, etc. C'est artificiellement que nous l'enseignons. Qu'est-ce que cela veut dire ? Il faudrait le jouer à chaque moment. Il faudrait jouer une scène, et puis, calmement, prendre mot à mot les versions possibles.

Un grand comédien est le plus grand des critiques, ou un grand régisseur, un Peter Brook, par exemple. Ce sont eux, les maîtres de l'exégèse shakespearienne, pas les professeurs. Et la dimension dramatique, la problématique de l'éphémère qu'exigent les films, cela n'aurait pas effrayé Shakespeare du tout. Devant les vingt-cinq mille éditions de ses œuvres, il aurait été profondément étonné.

Tout change, tout change... pas dans la littérature. Tout change le jour où Beethoven dit : « Je suis Beethoven. » Shakespeare n'a jamais dit : « Je suis Shakespeare » ; il était peut-être le dernier homme à ne pas le savoir. Ô heureux homme ! Il ne le savait pas. Beethoven sait qu'il est Beethoven. Le commencement de la *persona creatis*, du titan qui crée à partir de son génie privé intérieur, c'est tardif : c'est le romantisme qui nous l'apporte. Et il est devenu très difficile, à mon sens, depuis le romantisme, de comprendre de très grandes œuvres qui pourraient être anonymes. « Homère a-t-il existé ou non ? », c'est une question sans aucun intérêt.

L'œuvre est là, et Shakespeare aurait été très heureux, très ému que quelque chose survive de ses pièces ; pas d'être le génie universel du monde. Déjà, avec Mozart, ce n'est pas certain, et je pose cette question : « Qu'est-ce que Mozart pensait de Mozart ? » On n'en sait rien. Une fois que Beethoven arrive, la *persona* du génie, du titan, comme on l'appelait, commence à s'imposer. Il n'y a qu'à aller à Paris regarder le Balzac de Rodin. Cette statue inouïe est inconcevable avant la découverte moderne de la personnalité de géant du Prométhée gigantesque. Shakespeare n'a d'ailleurs pas de bon monument, il n'y a pas une seule bonne statue de Shakespeare. Et les deux seuls portraits qu'on dit authentiques, personne n'y croit. Nous ne savons pas de quoi il avait l'air, nous n'en avons aucune idée. C'est fascinant, mais c'est à peu près le dernier moment où l'anonymat d'une grande œuvre est possible.

Nous disons et répétons que l'œuvre littéraire, esthétique est unique. Je ne sais pas, je ne suis pas sûr. C'est probable. On ne peut pas s'imaginer un autre Rimbaud, un autre Mallarmé. Une fois qu'on est dans la modernité, avec toute sa névrose créatrice, avec le cri de Rimbaud (« je est un autre »), on ne peut plus affirmer, comme le scientifique : « Demain il y aura quelqu'un d'autre qui fera ma découverte si je ne la fais pas moi-même. » Dans les sciences, la collectivité est une chance folle. On peut être un scientifique tout à fait médiocre – et croyez-moi, il y en a –, si on est dans une bonne équipe l'escalator monte, le tapis roulant monte, on est entraîné. Et lundi prochain on saura peut-être quelque chose qu'on ne sait pas ce lundi-ci. La flèche va vers l'avenir. Pour nous, *a contrario*, 90 % de ce que nous enseignons, c'est le passé.

« Dieu est l'oncle de Kafka. »
Du Livre aux livres.

L.A.   S'il y a une obsession, un tourment, une incantation dans tous vos livres, c'est bien le livre, l'importance du livre, l'importance de la continuité du livre dans la culture ; l'importance pour notre existence – à la fois quotidienne, spirituelle et métaphysique – du livre pour nous ressourcer sans cesse. Je pense que, pour vous, il n'y a qu'un livre.

G.S.   C'était aussi le cas pour Mallarmé, et pour d'autres. Dans la culture anglo-saxonne, il est évident que la Bible est la référence constante. J'ai commencé à lire la Bible dans la grande version qu'on appelle celle de *King James*. Cela dit, avec les années, je m'aperçois que j'ai largement surestimé la présence du Livre dans la vie humaine.

Allons lentement. Nous ne connaissons sur cette Terre aucune société sans musique, aucune. Même la société la plus rudimentaire du point de vue économique ou politique, même ceux qui sont en train de crever de faim dans le désert de Gobi ont de la musique ; et souvent des musiques très complexes. Pas de littérature écrite.

La littérature écrite est très rare en ce monde. L'oralité dépasse immensément la totalité de l'écriture. Homère est tout près de Flaubert et de Joyce. Vingt mille ans avant lui, on racontait les histoires qui allaient être les fondements de l'épopée homérique.

Écrire, c'est être tout près de nous. C'est faire partie d'une certaine haute civilisation, largement européenne, slave et anglo-saxonne, avec aussi des chapitres importants, bien sûr, en Chine et au Japon ; mais dans le monde entier, l'oralité a toujours été la forme naturelle de l'enseignement de la religion, de la narration du souvenir. On parle, on dit : c'est la mémoire qui est la très grande bibliothèque.

L'écriture est historiquement récente ; l'écriture littéraire remonte à Gilgamesh – le grand poème épique de la Babylone ancienne – et va jusqu'à, plus ou moins, aujourd'hui. Il n'est pas du tout clair qu'avec l'électronique moderne, avec les techniques de l'information, avec les archives électroniques dont les mémoires dépassent un millionième de fois les mémoires littéraires humaines ou les grammaires et les lexiques, il n'est pas du tout certain qu'on continue à lire.

L.A.   Que signifie, à vos yeux, une grande œuvre, un grand texte ? Comment ces œuvres peuvent-elles traverser le temps ?

G.S.   Un grand texte peut attendre des siècles. Je songe au magnifique essai où Walter Benjamin dit : « Ça ne presse pas. Un grand poème peut attendre cinq cents ans sans être lu ni compris. » Il viendra, ce n'est pas lui qui est en danger, ce sont les lecteurs. Un grand texte littéraire incarne la possibilité d'un renouveau, d'un questionnement constant, mais il n'est pas là pour être l'objet d'un séminaire universitaire ou d'un papier dé-constructeur ; c'est renverser les relations naturelles. Shakespeare n'est pas un pré-texte pour le petit M. Steiner qui passe sa vie à essayer de le lire et de l'expliquer passionnément, et d'y revenir tout le temps. Et ce qui est iné-puisable, c'est comme pour la grande musique ou comme pour l'art pictural, c'est qu'à chaque moment d'une vie personnelle, l'œuvre change en vous-même. D'où ma passion, mon obsession – au point d'emmerder les gens – pour l'appren-tissage par cœur.

Ce qu'on connaît par cœur, personne ne peut vous l'enlever. Cela reste en vous et ça croît et ça se transforme. Un grand texte que vous connaissez par cœur depuis votre classe de lycée change avec vous, change avec votre âge, avec les circonstances, vous le comprenez autrement. D'aucuns prétendent que tout cela est un exercice arbitraire, un jeu linguistique : je ne peux pas le croire.

L.A.   Dans cette valise dont vous nous avez parlé, qu'il faut toujours tenir ouverte, avec la possibilité de partir pour reconstruire une autre vie ailleurs ; dans cette valise, il y a peut-être la Bible. Cette Bible que vous connaissez par cœur, cette Bible sur laquelle vous avez écrit, et cette Bible porteuse d'énigmes. Vous aimez commenter par exemple ce passage de la Bible où Yahvé se tient face à Moïse et où Yahvé intime l'ordre à Moïse de tourner le dos et de se coller contre l'anfractuosité du rocher, parce que vous y voyez une signification particulière.

G.S.   La Bible est pleine d'anthropomorphismes tout à fait primitifs et archaïques. On peut faire – cela a d'ailleurs été fait – une anthologie des horreurs, des folies de la Bible. Le livre de Josué est à peu près illisible, empreint de haine raciste, de haine militante, etc. Il y a tout, dans la Bible. Au risque de me ridiculiser, je vais vous avouer une chose : je ne suis pas religieux, je suis probablement voltairien – mon père l'était aussi –, mais je ne comprends pas comment sont venus à nous certains textes de la Bible. Je n'y arrive pas... Je ne comprends pas comment ont été imaginés, dits, écrits les discours de Dieu dans le livre de Job, certains passages de l'Ecclésiaste ou encore bon nombre des Psaumes. Peut-on se dire : « Il y avait là un monsieur qui attendait son déjeuner ou qui allait prendre le thé après avoir écrit les discours de Dieu dans Job » ? Il n'y a pas d'alternative : un homme ou une femme, une femme ou un homme ont dû composer cela. Pourtant je ne comprends pas. Et j'envie les fondamentalistes pour lesquels le problème ne se pose pas, pour lesquels c'est une dictée de la voix de Dieu. Je sais que c'est totalement absurde, mais je n'arrive pas à donner une analyse rationnelle, cognitive, une explication de textes de la moindre valeur pour un certain nombre d'entre eux. Dans le Nouveau Testament, les chapitres 9 à 12 de l'Épître aux Romains de saint Paul (le plus grand journaliste juif dans l'histoire du journalisme juif), qui racontent une merveilleuse histoire, ont donné lieu à des milliers et des milliers d'interprétations qui renouvellent à chaque fois la problématique de la présence humaine sur la Terre. Mais moi je me tais parce que, à nouveau, j'entends le fondamentaliste qui me dit : « Il y avait l'inspiration divine », comme pour saint Jean à Patmos : « C'est la voix de Dieu qui parle. » Alors je n'ai pas de réponse. Même Martin Heidegger, ici, ne peut me dépanner avec son immédiat de la langue en relation avec l'« être de l'être », que nous aurions perdu depuis les présocratiques. Merci bien, monsieur Heidegger, mais c'est de la blague, parce que ça remonte, disons, à sept mille ans – ce qui n'est rien, ce qui est moins qu'un clin d'œil dans l'histoire psychobiologique de l'homme. Il n'y a pas une trace d'évidence que notre personnage linguistique, notre âme de langue ait changé, qu'à un certain moment le soleil de l'être, comme il l'appelle, se soit couché.

Je suis donc totalement vulnérable, en moi-même, sur cette question. Mais je ne renonce pas à me la poser parce que, effectivement, il y a dans l'Ancien et le Nouveau Testament des moments qui me semblent, pour employer le mot le plus naïf, surhumains.

L.A.   Et vous lisez la Bible régulièrement ?

G.S.   Oui, parce qu'elle contient tellement de poésie incomparable, d'ironie... et d'incompréhensible. Dans l'Ecclésiaste, presque chaque phrase fait proverbe, et chaque proverbe fait une œuvre entière. J'aime les ironies kafkaïennes, les blagues que se permet Dieu, le moment où Jonas se fâche, furieux : « Tu m'as dit d'aller à Ninive expliquer qu'ils vont tous périr. Tu changes d'avis, et moi je suis ici comme un idiot, m'étant trompé. Comment peux-tu me faire ça ? » Mais c'est merveilleux ! C'est le cri de chaque mandarin, de chaque bonze, de chaque professeur, de chaque membre de l'Académie française ! Depuis le début, c'est là toute l'egomanie de l'intellect humain, et Dieu qui joue de lui et qui pardonne au peuple de Ninive. Quel humour ! Les cris de Jonas, sa colère pour avoir été mis à nu parce que Cassandre, ça ne marche plus. Il y a plein de moments non pas de rire – il y a très peu de rire dans la Bible – mais de sourire. Et le sourire est quelque chose de beaucoup plus intéressant et compliqué que le rire, à mon sens.

La Bible est totalement inépuisable. Même dans ses parties historiques, j'aime à relire certains passages. Prenez la visite de Saül à la vieille sorcière d'Andorre ; après qu'elle leur a prédit, à lui et à son aide de camp, la catastrophe et la mort, l'épisode se clôt de façon tout à fait simple, par ces mots : « Et ils disparurent dans la nuit. » À partir de là, nous avons toute la littérature occidentale, nous avons *Macbeth*… Chaque fois que je reprends un épisode, je me dis : « Mais il y a du nouveau ! » Il y a une immense richesse dans ce document. L'une de mes grandes tristesses quant à l'éducation actuelle, que je définis comme une amnésie planifiée, c'est que la Bible est de moins en moins connue et lue ; ou bien elle est enseignée comme catéchisme – ce qui est la pire des choses, bien sûr. On oublie à quel point nous sommes les enfants de ce texte, son importance dans l'histoire de l'Occident.

L.A.   Vous faisiez allusion tout à l'heure au futur incertain de la pratique de la lecture. Pensez-vous qu'un danger pèse sur l'avenir du livre et de la lecture ?

G.S.   Il y aura toujours des lecteurs. Au Moyen Âge, pendant les invasions dites « barbares », il y avait le refuge des monastères, où l'on savait encore lire. Nous ne savons pas combien de moines pouvaient lire, mais en tout cas, il y en avait ; très peu en revanche pouvaient écrire, presque personne.

Être lettré, néanmoins, est une condition fragile. Une condition dont la Renaissance, les Lumières et le XIXᵉ siècle sont les hauts moments, les très riches heures. La bibliothèque privée – nous pensons à un Montaigne, à un Érasme ou à un Montesquieu – devient un luxe très rare. L'appartement moderne ne permet pas les grandes bibliothèques. C'est une exception. Aujourd'hui, en Angleterre, les petites librairies ferment les unes après les autres, c'est devenu cauchemardesque. En Italie, pays que j'adore, il n'y a entre Milan et Bari, dans le sud, que des kiosques ; pas de librairie sérieuse. En Italie, on ne lit pas. On lit très peu dans l'Espagne ou le Portugal ruraux. Là où le catholicisme a régné, la lecture n'a jamais été bienvenue.

La lecture, qui est une forme – risquons le mot – de haute bourgeoisie, l'idéal de la lecture, l'éducation à la lecture se sont développés rapidement et ont connu des miracles à certaines périodes. Au XIXᵉ siècle, par exemple, certains classiques (Victor Hugo, Dickens) étaient des best-sellers. En Russie, lire voulait dire survivre humainement et politiquement ; la relation est complexe et créatrice entre la censure et la grande littérature dans les pays du despotisme et de « l'arrièrement » politique.

Aujourd'hui, on me dit : « les jeunes ne lisent plus » ou lisent des *digests*, ou des BD. Nos examens, même universitaires, sont de plus en plus fondés sur des choix de textes, des anthologies, des prix *Digest*. Le mot même de *reader's digest*, qui a couvert le monde, est un mot terrible. Il y a un « prix Digestion » pour vous. Quelqu'un d'autre mâche la nourriture et la digère. Nous sommes trop polis pour dire par quel bout ça sort. Je le dis vulgairement. Bien.

La lecture demande certaines préconditions assez spéciales. On n'y prête pas assez attention. D'abord, elle présuppose beaucoup de silence. Le silence est devenu la chose la plus chère, la plus luxueuse au monde. Dans nos villes (qui fonctionnent vingt-quatre heures sur vingt-quatre, maintenant : New York, Chicago ou Londres vivent autant la nuit que le jour), le silence s'achète à prix d'or.

Je n'attaque pas l'Amérique ; mes enfants y vivent, mes petits-enfants y sont. C'est l'avenir de l'homme, hélas. Je n'attaque pas. Ils sont plus honnêtes que nous dans leurs statistiques. Que disent leurs chiffres récents ? 85 % des adolescents ne peuvent pas lire sans qu'il y ait de la musique en même temps, générant ce que les psychologues ont nommé le « Flicker Effect », l'effet des brindilles de lumière : la télévision est présente, allumée, au coin du regard, tandis que l'on prétend lire. Personne ne peut lire un texte sérieux dans ces conditions. Ce n'est qu'en silence, un silence le plus total possible, qu'on peut lire une page de Pascal, de Baudelaire, de Proust ou de tout ce que vous voulez.

Deuxième condition : un certain espace privé. Dans la maison, une chambre, même petite, où l'on peut être avec le livre, où l'on peut avoir ce dialogue sans que d'autres soient dans la chambre. Là, nous touchons à un thème très peu compris. La merveille de la musique, c'est qu'on peut la partager à plusieurs. On peut écouter en groupe, on peut écouter avec les gens qu'on aime, on peut écouter avec des amis. La musique est la langue de la participation, pas la lecture. On peut certes lire à haute voix, et il faudrait le faire beaucoup plus que nous ne le faisons. C'est un scandale, la mort de la lecture à haute voix aux enfants, et même entre adultes ! Les grands textes du XIXe siècle sont souvent faits pour être lus à haute voix, je pourrais vous le démontrer : il y a des pages entières de Balzac, de Hugo, de George Sand, dont la cadence, dont le rythme structurel sont une oralité développée, à écouter, à saisir. J'ai une chance folle, mon père me faisait la lecture à haute voix avant que je ne comprenne (c'est ça le secret), avant que je ne saisisse complètement.

Donc silence, espace privé. Et troisièmement, une remarque terriblement élitiste (mais le mot

« élite », je l'aime ; c'est le mot qui veut dire que certaines choses sont meilleures que d'autres. Ça ne veut rien dire d'autre) : *avoir* des livres. Les grandes bibliothèques publiques ont été le fondement de l'éducation et de la culture pour le XIXe siècle et pour beaucoup d'esprits du XXe. Mais avoir une collection de livres qui sont à vous, dont on est possesseur, qui ne sont pas empruntés est crucial. Pourquoi ? Parce qu'il faut absolument avoir un crayon à la main.

L.A. Je crois savoir que vous distinguez dans l'humanité deux types de personnes : celles qui lisent avec un crayon et celles qui n'en ont pas.

G.S. Oui. Et, je le répète : on peut presque définir le Juif comme étant celui qui lit toujours avec un crayon en main parce qu'il est convaincu qu'il pourra écrire un livre meilleur que celui qu'il est en train de lire. C'est une des grandes arrogances culturelles de mon petit peuple tragique.

Il faut prendre des notes, il faut souligner, il faut se battre contre le texte, en écrivant en marge : « Quelles bêtises ! Quelles idées ! » Il n'y a rien de plus passionnant que les notes marginales des grands écrivains. C'est un dialogue vivant. Érasme a dit : « Celui qui n'a pas de livres déchirés ne les a pas lus. » C'est *in extremis* mais il y a une grande vérité là-dedans. Avoir une œuvre complète, c'est avoir chez soi un invité auquel on dit merci en pardonnant aussi ses faiblesses ; et même en les aimant. Et des années après, on essaye par snobisme et arrogance de mandarin de cacher les traces des mauvaises lectures ou des fausses interprétations. Mais c'est de la bêtise ! C'est quand mon père m'a offert, le long de la Seine, sur les quais – ça valait quelques sous, personne ne le voulait –, *Les Trophées*, de M. José Maria de Heredia, que les portes de la poésie se sont ouvertes pour moi. Et j'ai, ici, ma première édition de Heredia. Encore maintenant, je continue à me sentir une dette énorme envers ce monsieur très guindé, très pompeux, très académique, mais néanmoins un grand poète. La découverte d'un livre peut changer la vie. Je suis (j'ai souvent raconté cette anecdote) à la gare de Francfort, entre deux trains et – ça, c'est l'Allemagne : les kiosques avaient de bons livres – je vois un livre ; je ne connaissais pas le nom de l'auteur : CELAN. Le nom de Paul Celan m'intrigue. J'ouvre le livre dans le kiosque même et tombe sur cette première phrase : « Dans les fleuves, au nord de l'avenir... » J'ai presque raté le train. Et ça a changé ma vie depuis lors. Je savais qu'il y avait là une immensité qui allait rentrer dans ma vie.

L'expérience du livre est la plus dangereuse, la plus passionnante qui soit. Le livre, bien sûr, peut corrompre ; mais quelle blague de ne pas le dire ouvertement. Il y a des leçons de sadisme dans les livres, il y a des leçons de cruauté politique, de racisme. Et parce que je crois que Dieu est l'oncle de Kafka (j'en suis persuadé), il ne nous rend pas la vie facile. Peu avant sa mort, M. Sartre – qui n'aimait pas prodiguer de compliments, ah ça non ! – aurait dit : « Il n'y en a qu'un de nous qui va survivre : Céline. » C'est Sartre qui le dit. Bien sûr, il y a Proust et Céline qui divisent la langue française moderne entre eux. Il n'y en a pas de troisième. Et que Dieu ait permis à ce tueur antisémite, à ce hooligan, à ce gangster de l'âme que fut Céline l'écrivain (il ne l'était pas dans sa vie personnelle ; ça ajoute aux complications) de créer une nouvelle langue et puis d'écrire *D'un château l'autre* et *Nord* (deux chefs-d'œuvre shakespeariens, à mon sens), j'en suis très malheureux. Et très reconnaissant et très fâché à la fois. Et j'essaye d'écarter de moi certains livres qui sont un venin destructeur.

Je suis contre toute forme de censure. À la fois pour des raisons intellectuelles évidentes et pour des raisons pratiques. Le censeur n'a finalement aucune autorité. Regardez par exemple cette forme de pédophilie dans le cinéma, dans la télévision, dans la littérature, dans la BD, qui fait rage en ce moment. Pour moi, pourtant, celui qui touche à un enfant est damné. Damné dans le plein sens théologique, humain, moral, positiviste, scientifique, tout ce que vous voulez. Aussi là, peut-être, serais-je prêt à prendre le risque très grave de la censure. Mais ça ne marcherait pas. C'est d'une bêtise totale : vous censurez une chose et il y a dix millions d'exemplaires qui circulent sous le manteau. Le samizdat pornographique fait partie de notre histoire depuis Adam et Ève. Ce qui n'empêche pas que je voudrais au moins essayer d'arrêter cette terrible vague de cruauté qui déferle sur les jeunes. C'est un déluge inimaginable.

L.A. Qui prend d'ailleurs plus la forme des images que la forme des écrits, aujourd'hui.

G.S. Se masturber d'après le langage est beaucoup plus puissant. Il y a ceux pour lesquels le mot est plus puissant que l'image ; pour beaucoup d'autres, c'est l'image ou la combinaison des deux. Mon père, avec son intelligence démoniaque, avait placé le Proust complet juste un peu trop haut sur les rayons. Il savait parfaitement que j'irais l'y chercher. Bien sûr, j'y suis allé. Le choc a été pour moi d'essayer de comprendre cette phrase : « faire cattleya », qui exprime la libido totale de Swann pour Odette. Mon monde a tourné. Le vertige. Aucune image n'aurait pu avoir cette puissance, parce que je comprenais mal. Ce que je m'imaginais sous le mot cattleya, je n'ose pas vous le dire…

L.A. Si, si !

G.S. C'était d'une richesse, d'une richesse d'enfant. C'était un conte de fées noir, tout ce que vous voulez. La sensibilité de chacun est très différente en cette matière. J'ajoute une question

104

énorme, que nous laisserons ouverte parce que je n'ai pas le brin d'une réponse : est-ce que la musique peut induire un sadisme en perversion ? Question très difficile.

L.A. À propos de la lecture, quand par exemple vous relisez des textes de Platon ou de Parménide (je crois que vous lisez du Parménide tous les matins), cette méthode de lecture inlassable – comme si un texte n'était jamais délivrable – procéderait-elle chez vous d'une méthode talmudique ?

G.S. L'étonnement se renouvelle tout le temps. Nous avons parlé de certains textes bibliques, nous pourrions parler de textes platoniciens, nous pourrions parler des *Méditations* de Descartes ; l'étonnement qu'un homme, plus ou moins comme vous et moi, arrive non seulement à penser mais à exprimer ses pensées. Nous ne savons rien des milliards de pensées perdues pour toujours par perte des moyens d'expression. Mais en même temps, je me demande souvent si ce retour constant vers le passé n'est pas en soi un signe d'âge, le signe d'une certaine fatigue. Il y a maintenant des textes importants poststructuralistes, postderridiens, qui m'échappent ; je ne comprends tout simplement pas, je ne sais pas de quoi ça parle, ce qu'on y raconte. Et ça, c'est un très mauvais signe, c'est le signe que certains muscles de l'attention se fatiguent. Car l'attention est musculaire, il n'y a presque pas de doute là-dessus. Elle est neurophysiologique. La concentration commence très doucement à s'effriter. Mais ça ne fait rien, j'ai eu de magnifiques moments.

L.A.   Chez vous, la lecture est une sorte de tentative permanente, souvent avortée, d'accord avec soi-même ; et en même temps, c'est, si je vous ai bien compris, une sorte de devoir moral. Et vous dites, dans *Les Logocrates*, que nous avons une responsabilité envers les livres. De quel type de responsabilité s'agit-il ?

G.S.   C'est d'abord la responsabilité de les conserver, au sens le plus physique. Nous avons perdu, dans l'incendie de la bibliothèque de Sarajevo, mille six cents grands manuscrits incunables qui n'avaient jamais été encore reproduits et qui sont donc perdus à jamais. Nous avons perdu, avec ce qu'on appelle la Bible des Albigeois, ce qui était peut-être l'un des plus grands documents sur la vérité humaine. Nous n'en savons rien et nous ne pourrons plus jamais le retrouver. Il s'agit donc d'abord d'essayer de donner aux livres la chance de la survie.

Notre deuxième responsabilité, c'est ce que dit Rilke dans son grand sonnet sur le torse archaïque d'Apollon au Louvre : « Regarde ce torse. Qu'est-ce qu'il te dit ? Change ta vie ! » De la même manière, le livre, ou la musique, ou le tableau me disent : « Change ta vie ! Prends-moi au sérieux.

Je ne suis pas là pour te rendre la vie plus facile. »
C'est aussi Kafka, qui nous dit qu'un livre doit
être la hache qui brise la mer gelée en nous ; sans
quoi il ne vaut pas la peine d'être lu. C'est exagéré,
il faut aussi parfois lire des livres légers, de beaux
livres qui nous réconfortent un peu. Mais c'est
important aussi de répondre à un livre dans ce
dialogue dont nous avons déjà parlé. Cela devient
de plus en plus difficile. Je vous donne un chiffre
qui me fait froid dans le dos : dans les bonnes
librairies londoniennes, un premier roman a dix-
neuf jours pour vivre. Si au bout de dix-neuf jours
il n'y a pas eu un effet de presse, de médias, un
grand succès qui se déclenche, on décrète : « Je
regrette, nous n'avons pas de place », on le ren-
voie, on le met au pilon, ou bien il va chez des
soldeurs qui le vendent à un tiers de son prix, ou
bien on le retrouve par terre.

Être aujourd'hui un jeune écrivain, un jeune
poète, un jeune premier romancier, je n'ai pas
besoin de vous le dire, c'est une gageure atroce-
ment difficile. Il faut des nerfs d'acier. Le chef-
d'œuvre se dégage souvent très, très lentement.
On cite toujours Stendhal : « Il me faudra cent
ans. » Il avait raison, il avait confiance. Mais il y
a tant d'exemples d'un tel phénomène. Et ce qui
est le plus grand privilège du critique, du professeur, c'est de redécouvrir ce qui était enfoui dans
l'oubli. Nous avons donc des responsabilités très
lourdes envers ce miracle qu'est le livre et dans la

lutte contre une commercialisation totale. De la censure politique ou de la censure par l'argent, c'est une question très grave de savoir laquelle est la pire.

L.A.   Ce qui fait lien entre le Livre et les livres, n'est-ce pas le mystère de toute création, que vous aimez à rappeler, le besoin de transcendance qui l'accompagne ?

G.S.   Ceux qui savent créer ne savent pas comment ni pourquoi. Qu'est-ce qui produit un déclic de cet ordre dans la grande création ? Je ne saurais le dire. Dieu nous protège de la vulgarité de la neurophysiologie à ce sujet ; ce ne sont pas les biologistes qui vont nous expliquer par le jeu des synapses d'où vient l'éclat, le coup d'éclair qui crée.

Dans une école maternelle, à Berne, on emmène les petits, âgés de cinq-six ans, au pique-nique rituel. On les met devant un aqueduc, et on leur dit : « Dessinez l'aqueduc ! » Grand Dieu, quel emmerdement ! Un enfant dessine l'aqueduc et met à tous les piliers des chaussures ; depuis lors – il avait six ans –, tous les aqueducs du monde sont en marche. Il s'appelait Paul Klee. C'est la même chose pour les cyprès de Van Gogh : il n'y a plus un cyprès qui ne soit pas un flambeau. C'est lui qui a vu que les cyprès étaient des flambeaux. Ou encore Mozart qui, en changeant trois accords à une jolie mélodie de Salieri, en fait un air grandiose. C'est d'une injustice horrible.

C'est ça, la différence ; je la connais cette différence, et je l'enseigne à mes élèves. Je leur dis : « Puissiez-vous être des créateurs, ce serait ma joie la plus grande. » En cinquante-deux ans, j'ai eu quatre élèves beaucoup plus doués que moi, beaucoup plus intelligents, plus forts, et c'est ma meilleure récompense.

Peut-être – j'espère que non – y aura-t-il un jour une neurochimie de la création : on comprendra quels arcs électriques dans le cerveau d'un Picasso ont rendu possible la révolution qu'il a initiée. Jusqu'à maintenant – et pourvu que ça continue –, cela reste un mystère.

L.A. À vous lire, à vous écouter, on a parfois l'impression que pour vous la civilisation s'arrête au XVIIe siècle, dans sa perception enveloppante de la possibilité de l'être humain en accord avec lui-même et avec le sentiment du beau.

G.S. Au contraire, en tant que critique, j'ai ouvert les portes sur les écrivains les plus modernes, faisant connaître par exemple Paul Celan en Angleterre. Constamment, j'ai lu ce qu'il y a de plus nouveau pour essayer de lui aplanir le chemin. Mais il est certain qu'une civilisation sans la possibilité du transcendant – ce que Nietzsche appelle le *mysterium tremendum* de l'homme, ce qu'essaye (avec beaucoup de réserve) de penser un

Heidegger –, une civilisation où l'on ne peut plus dire comme Wittgenstein : « Si j'avais pu, j'aurais dédicacé mes enquêtes philosophiques à Dieu ! », une civilisation qui aurait perdu ces possibilités-là est pour moi, effectivement, gravement en danger.

Les humanités
peuvent rendre inhumain.
Le XXᵉ siècle a appauvri l'homme moralement.

L.A.   Parmi les sciences humaines nées au début du siècle dernier, il est une discipline qui suscite chez vous une critique acerbe : vous avez une sacro-sainte répulsion envers la psychanalyse, notamment envers l'œuvre de Sigmund Freud. Pouvez-vous vous expliquer sur votre relation à la psychanalyse ?

G.S.   Tout d'abord, votre question est archi-française. On s'en fiche, en Angleterre. Et l'Angleterre dépasse tellement la France dans les sciences que cela veut dire quelque chose. Vous faites du parisianisme total, par votre question. Il y a à peu près deux villes où la psychanalyse n'est pas une blague : Paris et New York. Et à cela il y a des raisons sociologiques très intéressantes.

Pour moi, Freud est un grand écrivain de langue allemande, et c'est très important qu'il ait reçu le prix Goethe, qui récompense la littérature. C'est un des grands narrateurs de mythologies et c'est le grand ami des bourgeoises juives de Vienne de son époque. Mais plus personne n'a jamais rencontré quelqu'un qui ressemble au soi-disant patient de Freud. Personne n'a jamais rencontré quelqu'un qui soit guéri par la psychanalyse. Au contraire, comme le dit Karl Kraus : « C'est la seule guérison qui invente sa propre maladie. » Bien. Cela a un certain niveau de persiflage.

Pour moi, la dignité de l'homme et de la femme – d'où mon livre sur Antigone –, c'est d'avoir la force de porter en soi son angoisse. Pour moi, l'idée de la mettre entre les mains d'un autre être humain, contre paiement, est insensée... Je suis du côté de Socrate, qui considère comme une horreur d'être payé pour son enseignement. « Vider son sac » – comme on dit en français – dans les mains d'autrui, contre paiement, cela m'horripile. C'est se prendre au sérieux d'une façon à mes yeux inexcusable. Et d'ailleurs, dans les camps de la mort ou sous les bombardements, dans les vraies horreurs de la vie, sur les champs de bataille, on ne fait pas de psychanalyse ; on trouve en soi-même des forces presque infinies, des ressources presque infinies de dignité humaine. Se laisser absoudre sans dieu (parce que ça, c'est de la blague : de la confession, mais sans prêtre)... Celui qui croit en Dieu, au moins il peut dire que celui qui écoute, c'est Dieu. C'est déjà pas mal, et lui, il ne se fait pas payer à l'heure ni, comme Lacan, aux cinq minutes. N'est-ce pas ? Il n'y a que la France (le pays des *Précieuses ridicules*) pour permettre de telles blagues.

La souffrance humaine, cette chose terrible, ce mystère, c'est ce qui nous donne, je crois, notre dignité. N'est-il pas frappant que la langue française n'ait pas de mot pour traduire *privacy* (l'espace privé au sein de l'âme ; le fait d'avoir une vie privée intérieure) ? « Privauté » est un vieux mot perdu et ne veut pas dire exactement cela.

L.A.   Et « intimité » non plus ?

G.S.   Non. Oh non, parce que *privacy* veut dire aux autres : « Laissez-moi en paix ! » Cela définit une responsabilité devant ce qu'on est dans sa souffrance. J'ai essayé, Laure, croyez-moi, de toutes mes forces de désirer sexuellement ma maman et d'avoir mon père pour ennemi, j'ai essayé et ça ne marche pas du tout. Aucun désir de ma maman.

L.A.   Mais c'est une blague juive que vous nous racontez là ?

G.S.   Mon père a été mon meilleur ami, jusqu'à la fin. Et en ce moment, mon fils est mon ami le plus intime... bien que nous ne soyons pas d'accord sur quoi que ce soit ; et c'est ce désaccord politique et social qui cimente notre amour, et nous rions ensemble. Donc, pour moi, l'idée de l'œdipe vient d'une fausse lecture de Sophocle. Tout ça ne marche pas du tout, c'est une invention. Bon. J'ai essayé, je n'y arrive pas. Je n'arrive pas à y croire. Et cette expression française, elle n'existe qu'en français : « faire son œdipe ». Belle phrase creuse et arrogante ! Non, hélas, je n'ai pas « fait mon œdipe »... Il ne s'agit pas de nier que ce géant qu'était Freud – bien sûr qu'il était un géant ! – a profondément changé notre culture. Mais si aujourd'hui il n'y a plus de vie privée, si aujourd'hui on livre sa vie sexuelle à tout le monde, s'il y a des programmes où des hommes et des femmes nus font l'amour devant des millions de téléspectateurs, si la confession, l'aveu, sont devenus la condition même du discours, Freud en porte une responsabilité énorme. Ce qui est ironique, parce qu'il était le plus puritain des hommes. Il était le plus haut bourgeois juif qui soit. Il ne faut jamais oublier que ce grand monsieur a écrit à sa femme que passé les quarante-cinq ans la vie sexuelle ça ne se fait plus, c'est indécent. Et quelle est la plus grande parole de Freud ? En 1938, en exil en Angleterre, dans l'horreur de la chute de sa civilisation, il s'exclame : « Qu'est-ce qu'elles veulent les femmes ? » À quoi je peux répondre (mais ce serait une autre longue blague juive) : quel détour pour en arriver là ! Et ça, ça ne veut pas dire que je ne le lis pas avec reconnaissance et avec passion. Mais l'idée d'aller chez quelqu'un lui raconter mes ordures ? Non merci !

L.A.   C'est entendu, la théorie de l'inconscient ne vous a jamais convaincu. Et pourtant – est-ce l'avancée dans l'âge, George Steiner ? –, je vous ai trouvé beaucoup moins dur envers Sigmund Freud dans *Poésie de la pensée*. Manifestement, vous avez relu Freud récemment, notamment *Au-delà du principe de plaisir*, et vous y trouvez finalement des pistes de compréhension de la peur du néant, ou de concepts philosophiques qui ont été éclairés entre autres par Kierkegaard. J'ai l'impression que votre relation avec Freud s'est apaisée.

G.S.   Attendez, encore une chose pour taquiner, importante néanmoins puisqu'il s'agit des rêves. Qu'il y ait un élément subconscient, sexuel dans les rêves, certainement – et Freud a eu le grand génie d'en déceler les traces, les méandres. Mais qu'ils comportent encore plus de circonstances historiques et contingentes, je vais vous en donner un exemple entre mille. L'anecdote est consignée dans les papiers d'un médecin installé à Berlin en 1933-1934. Un patient vient chez elle et dit : « Je ne sais pas ce que c'est, je n'arrive plus à lever mon bras droit. C'est horrible. » Le médecin demande les conseils de Freud et s'entend expliquer que c'est un cas classique de peur de la castration. Mince ! C'était tout simplement la peur d'avoir à donner le salut à Hitler dans la rue, c'était tout à fait évident. Et lorsque le médecin a compris cela, elle a dit au patient : « Étudiez les grands rêves de Descartes. » Ce sont des rêves ancrés dans l'Histoire, dans la matière du quotidien. Rien à voir avec vouloir coucher avec sa maman.

L.A. Vous développez dans la plupart de vos livres une théorie de l'évolution de la définition du mot humanité. Dans *Réelles présences*, vous dites que nous vivons l'ère de la chute de la grâce de l'homme. Qu'entendez-vous par là ?

G.S. Songez que, tandis que Pol Pot enterrait vivants, littéralement, cent mille hommes, femmes et enfants au Cambodge, le monde n'a pas bougé. L'Angleterre a vendu des armes aux Khmers rouges tout en sachant cela. On ne savait pas pour Auschwitz ; ou très peu savaient. Très, très peu, vraiment. Mais là, tout le monde savait, c'était tous les soirs à l'écran. Dans ce monde-là, celui d'un homme qui a construit et codifié Auschwitz et le Goulag – songez, on estime à soixante-dix millions les victimes de Staline et de Lénine ! –, le seuil de l'humain, le minimum qu'implique le fait d'être homme, a baissé, a baissé grandement. J'en veux pour preuve ce constat très simple : il n'y a plus d'information relatant une nouvelle atrocité, relayée par la télévision ou la radio, à laquelle on ne croirait pas. Et ça, c'est tout nouveau.

Ça, on peut le démontrer. Lorsqu'on racontait que les Allemands, en 1914 et 1915, avaient coupé les mains aux Belges, on savait une semaine après que c'était de la blague, que c'était une mauvaise blague de propagande. Il y aurait beaucoup d'autres exemples. Aujourd'hui, il n'y a plus rien à quoi on ne croirait pas. Il se pourrait que l'horreur s'avère être fausse ; ça, c'est une autre question. Mais *a priori*, on se dirait : « Tiens ! Oui… Et demain ce sera pire. » Sans même parler de notre rôle au Rwanda, il y a tant d'autres endroits… En Indonésie, il y a tous les jours des massacres ; en Birmanie, la condition des enfants, des hommes, des femmes est terrible. Il y a plus d'enfants esclaves aujourd'hui qu'à aucune autre période de l'humanité. Des centaines de millions de petits enfants, de neuf ou dix ans, qui travaillent quatorze heures par jour dans des fabriques chinoises, pakistanaises et indiennes. Mais on ne bouge pas. Voilà ce que j'entends par : « abaisser le seuil » de ce que c'est qu'être humain.

Cette barbarie inscrite en l'homme, c'était l'objet de mon tout premier essai. J'avais dix-huit ans, je crois. *Sur le triste miracle,* ça s'appelait. Le soir, on joue du Schubert, on chante du Mozart, et le matin on va torturer à Auschwitz, à Bergen-Belsen ou à Majdanek. Tout au début, je n'ai pas compris, j'ai cherché de l'aide pour comprendre ; j'ai essayé d'étudier toutes les réponses à cette question. Le pragmatisme anglais, ce bon sens un peu brutal, un peu naïf mais très sain dit que de tout être humain, on peut très vite faire un tortionnaire. D'abord, je n'en suis pas sûr, quoiqu'il y ait des expériences qui semblent le confirmer. Ensuite, est-ce que c'est bien le même être humain qui joue du Schubert la veille ?

J'ai eu le privilège de connaître Arthur Koestler, qui se fâchait face à de telles questions, et disait : « Mais il y a deux cerveaux : l'arrière-cerveau éthique, moral, qui ne fait que débuter chez l'homme, et un énorme cortex de rapace, de cruauté, de sadique. » Il n'y a pas deux cerveaux ; c'était une fiction toute trouvée. Ce n'est pas une réponse non plus. Dire que ce n'était possible qu'en Allemagne, c'est absolument faux. C'est possible à peu près partout. Et je vais finir ma vie, très bientôt, sans avoir trouvé de réponse qui me satisfasse. Pas une. Rien qui permette de comprendre l'inhumanité foncière au cœur des humanités (les humanités, quelle expression orgueilleuse !).

Alors j'ai essayé, dans mes tout derniers textes (c'est venu très tard), de proposer une hypothèse avec ce que j'appelle le syndrome de Cordélia, du nom de la fille de Lear. L'après-midi, je travaille avec mes étudiants les actes III à V de *Lear*, et quand Lear entre en portant son enfant tuée dans ses bras, et hurle cinq fois le mot « jamais » (« *Never ! Never ! Never ! Never ! Never !* »), c'est la fin du langage même. J'essaye de lire ça avec mes élèves. J'ai appris par cœur ces scènes-là. Je les connais par cœur, et elles revivent en moi. Mais quand je rentre chez moi et que j'entends quelqu'un hurler « Au secours » dans la rue, peut-être que mon oreille entend, mais je n'écoute pas. C'est toute la différence entre entendre et écouter. Il faudrait se précipiter ; mais je ne me précipite pas, parce que l'agonie réelle dans la rue a une sorte de désordre, de contingence qui ne touche pas à l'immensité transcendante de la souffrance telle que la dépeint la grande œuvre d'art – musique, tableau, ou poème... Se pourrait-il – je formule l'hypothèse après soixante ans d'enseignement et d'amour des lettres – que, peut-être, les humanités puissent rendre inhumain ? Que, loin de nous rendre meilleurs (pour dire les choses tout naïve-ment), loin d'aiguiser notre sensibilité morale, elles l'atténuent. Elles nous écartent de la vie, elles nous donnent une telle intensité de fiction que la réalité devient pâle à côté. Et si cela est vrai, alors je ne sais plus où me tourner. Comment trouver une méthode pour vivre les grands textes, les grands tableaux, la grande musique, le grand théâtre et ressortir de cette expérience en étant plus sensible, au besoin, à la souffrance humaine ? Il doit y avoir une méthode, il doit y avoir des gens qui savent faire ça. Je n'en ai presque pas rencontré.

Parfois, on va voir un film au milieu de la jour-née – ça m'est arrivé en voyage, pour passer deux

119

ou trois heures –, et quand on sort du cinéma, à la lumière du soleil, il y a des moments de nausée de l'irréel. C'est compliqué à décrire. Et je me demande, en sortant de la grande expérience de l'art, s'il n'y a pas peut-être de tels moments de nausée de l'irréel qui nous empêchent d'être des humains plus efficaces.

Je ne sais qu'une chose : les camps de la mort, les camps staliniens, les grands massacres ne sont pas venus du désert de Gobi ; ils sont venus de la haute civilisation russe et européenne, ils sont venus du centre même de nos orgueils artistiques, philosophiques les plus grands ; et les humanités n'ont pas résisté. Au contraire, il y a eu trop de cas où les grands artistes ont collaboré, joyeusement, avec l'inhumain.

L.A.   Vous parlez à ce propos, du génie propre de l'abomination du soi-disant humanisme européen.

G.S.   Oui, tout est dans le « soi-disant ». On aurait pu espérer que le jardin de Goethe ne serait pas voisin du camp de Buchenwald ; mais on sort du jardin de Goethe et on est dans le camp de concentration. On aurait pu espérer que les grands musiciens refusent de jouer et disent : « Non. Je ne peux pas jouer du Debussy (comme l'a fait Gieseking à Munich), quand j'entends les cris de ceux qui meurent de soif et de faim en chemin pour Dachau. » Mais non, on joue une série de concerts apparemment féeriques de beautés et de profondeurs musicales. Il y a la grande boutade de Picasso. Vous vous souvenez de l'officier allemand qui vient dans son studio, sous l'Occupation, qui voit *Guernica* et qui dit : « Est-ce vous qui avez fait ça ? — Non, monsieur, c'est vous qui l'avez fait ! » C'est très beau, comme boutade. Mais c'est le même Picasso qui défend Staline à un moment où l'horreur du Goulag et des massacres staliniens était tout à fait évidente.

Alors, pour les petites gens comme moi, il vaut mieux essayer d'écouter, d'y voir clair, mais ne pas avoir l'arrogance morale de déclarer : « Voilà la réponse ! J'ai compris ! » Je ne peux que dire, à la fin de ma vie : « Non, je n'ai pas compris. »

L.A.   Que pouvons-nous faire face à cette inhumanité ?

G.S.   Oh ! Un million de choses. On pourrait dire au petit despote fasciste de Birmanie : « On vous écrase si vous n'arrêtez pas ça et si vous ne permettez pas, après les élections, que s'établisse un gouvernement représentatif. » On pourrait dire au Soudan : « Puisque vous lâchez vos meutes assassines sur des êtres qui meurent déjà de faim et de soif dans les déserts, on vous fait sauter... » La puissance des grandes puissances est infinie, comparée à celle de ces régimes indiciblement sadiques, indiciblement primitifs. On pourrait faire beaucoup. Et ce qui rend l'inaction encore plus inexcusable, c'est qu'aujourd'hui, nous savons tout. Les médias nous disent tout. Nous savons ce qu'il se passe à Guantanamo, nous savons qui torture qui. C'est comme si on enregistrait, pour le prochain *soap opera*, les cris des victimes. Nous sommes informés et surinformés jusqu'à la nausée.

L.A.   On est abreuvés, effectivement, d'images d'horreurs et de désespoir contre lesquelles nous ne pouvons rien. Que pouvons-nous faire, nous, individus ? Je reprends une citation que vous utilisez dans un de vos textes, une citation de Kierkegaard que je vous livre et que vous connaissez par cœur : « L'individu ne peut aider ni sauver une époque, mais seulement constater sa perte. » Êtes-vous d'accord avec cette phrase ?

G.S.   Pas tout à fait. Sous l'Ancien Régime, au sens large du mot, la capacité d'action de l'individu était très limitée, mais nous, nous pouvons essayer d'avoir des politiciens humains et sérieux. Revenons à Aristote. Nous revenons toujours à Aristote ; c'est une belle maladie. Chez Aristote, l'idiot (*idiôtês*), c'est le monsieur qui reste chez lui et qui permet aux bandits de gouverner. Les bandits prennent l'agora (la grande place du marché, centre de la démocratie grecque), parce que lui veut conserver sa vie privée. Ça ne l'intéresse pas assez. Alors il n'a plus aucun droit de se plaindre. Si la mafia nous gouverne, c'est parce que nous n'avons pas voulu entrer en politique. C'est le grand paradoxe de la faillite de la démocratie. Je le vis tous les jours en Angleterre.

L'Angleterre avait un destin presque unique : l'élite entrait en politique. Nos tout premiers de promotion d'Oxford et de Cambridge entraient au parlement, essayaient d'entrer au gouvernement – c'était leur ambition –, il y avait une élite de haute éducation. Depuis trente ou quarante ans, on vous rit au nez avec ça. Ce qui compte à présent, c'est la banque et les *hedge funds*...

L.A.   Mais peut-être est-ce parce que la politique n'est plus le bien public ?

G.S.   Certes, ce sont l'un et l'autre, c'est un argument circulaire. Elle le serait s'il y avait des gens importants pour s'y investir. À ce propos, d'ailleurs, on oublie trop souvent que, cette fois-ci, l'Amérique, notre belle Amérique, a produit ce que l'Europe n'est plus à même de produire : les trois candidats aux élections de 2008 étaient et sont de très grands personnages. Obama, McCain et Mme Clinton, ce sont des gens d'une grande dimension – que l'on partage ou non leurs idées, c'est une autre question. Ce sont des personnes de taille. Et que ce système chaotique, corrompu, tout ce que voulez, ait pu faire surgir ces personnages-là, c'est bon signe et cela donne de l'espoir.

Il y a des miracles. Pour la première fois depuis Cromwell on ne s'entre-tue pas en Irlande. Mais c'est un miracle achevé par M. Blair. Dix ans de négociations écœurantes de difficulté, à être autour d'une table avec des Irlandais. Ce n'est pas facile, je vous jure. Et il n'a jamais perdu patience, jamais perdu ses nerfs. Je continue à espérer que si l'IRA a pu se calmer, si le mur de Berlin a pu s'écrouler, etc., c'est qu'il y a des miracles. Des miracles pratiques. Ils sont rares mais ils arrivent. Et ils dépendent d'une autre conception de la politique, prise en main par des gens bien. Mais si nous, on ne veut pas s'en mêler, à qui la faute ?

L.A.   La musique aussi, selon vous, serait impuissante contre l'inhumain. Vous êtes un passionné de musique, vous vivez entouré de disques. Vous ne pouvez vous passer ni de musique ni de philosophie, et dans votre ouvrage *Poésie de la pensée*, vous développez la thématique de cette union consubstantielle entre musique et pensée. À quoi pensez-vous quand vous écoutez de la musique ?

G.S.   D'abord, soyons très précis. Je ne lis pas les partitions ; c'est très important. Même chez les musiciens, je crois qu'il est rare d'entendre la musique à la lecture d'une partition. Il paraît que certains chefs d'orchestre peuvent lire une partition de Mahler et entendre intérieurement tous les instruments. Ce doit être très rare. Alors sans avoir l'accès que donne la partition, et n'ayant jamais pu jouer d'un instrument, je suis entièrement à la merci des passions impressionnistes, des passions amateurs (mais le mot « amateur », c'est l'amant), de ce que j'aime.

La musique, le disque, le piano ont fait partie de mon enfance, depuis les tout débuts. J'ai entendu mes premiers concerts quand j'étais très jeune. J'avais une chance folle : mes parents m'emmenaient au concert et à l'opéra. Vous allez sourire parce que ce sont des clichés de vieillesse, mais je connais énormément de textes par cœur. Et malgré ma vue qui baisse, j'ai l'impression que je pourrais vivre avec beaucoup de très beaux textes qui empliraient mes heures. Mais ne plus entendre la musique (je souffre d'une surdité croissante, mais ça va encore), je crois que je ne pourrais pas y survivre. Littéralement. La musique m'est tellement importante et essentielle !

L'apparition du disque microsillon a été un miracle ! Vivre cette époque-là, avoir soudain au bout de nos doigts toute l'histoire de la musique, toute la musique qu'on veut entendre, c'est un luxe immense. Un luxe indispensable.

L.A. Je crois savoir que toute la musique à partir de Schönberg vous intéresse particulièrement. Pourquoi ? Pensez-vous qu'il y ait un devenir de la musique contemporaine aujourd'hui ?

G.S. Énorme. À mon sens, nous sommes – depuis Schönberg, Debussy, Chostakovitch, les grands Américains – dans une magnifique période de musique. D'abord, les moyens de reproduction technique permettent une expérience immédiate dans le privé. Je le répète, je peux mettre sur mon lecteur les meilleurs concerts ou opéras du monde – j'ai à ma disposition un répertoire quasiment infini. Et la musique traverse toutes les frontières, nous n'avons pas de barrière linguistique. Le *hit*, le succès rock se siffle dans les rues de Vladivostok le même jour qu'à Los Angeles ; la musique, c'est l'espéranto de l'émotion. Et il y a, dans les moyens de reproduction technique (comme dirait Walter Benjamin), un élément de création que n'a pas la littérature. Et je crois que l'infini de l'avenir de la musique est sans limites. Est-ce que certaines formes d'opéra – la musique symphonique – vont continuer à produire de grandes œuvres ? C'est très difficile à dire. Mais il n'y a rien eu entre les élisabéthains et le début de ce siècle. Et une œuvre comme celle de Britten (notamment *Peter Grimes*), mais bien d'autres choses aussi, partout dans le monde, attirent un public énorme. Les salles de concerts sont pleines, je crois que c'est un très bon signe. Est-ce que certaines sortes de musique vont décliner ? Peut-être la musique de chambre, dans son sens classique ? Pour dire les choses bêtement, il fallait des chambres pour la musique de chambre. Il fallait un certain milieu social qui n'est pas celui de la salle de concerts. Est-ce que ça va continuer à produire de grandes choses ?

En tout cas, nous vivons maintenant une période, à mon sens, de très grands compositeurs. Pas besoin de vous dire ce que signifie Boulez. Mais ce sont aussi Kurtág (un compositeur hongrois, que je place à côté de Bartók), ou encore Elliott Carter (qui a composé de grandes choses jusqu'à l'âge de cent ans)... Oh, il y a une demi-douzaine de très grands compositeurs en ce moment. Donc ça avance. Tandis que je n'arrive pas à me débrouiller avec l'art dit constructiviste. Là, je n'y arrive pas. Avec la musique, même la plus récente, je crois pouvoir avoir un grand bonheur. Je suis très optimiste pour la musique ; j'en ai un besoin physique, quotidien. Une journée sans musique, c'est très triste.

L.A. Est-ce que votre écoute de la musique (comme votre pratique de la lecture), cette espèce de répétition nécessaire pour nourrir votre gourmandise intellectuelle, procède du ressassement ?

G.S. Toute écoute est pour moi une expérience nouvelle. J'ai parmi mes amis de très bons compositeurs qui détestent les disques. Ils disent : « C'est identique à soi-même, c'est mort. » Moi, heureusement, j'entends à chaque fois quelque chose que je n'avais pas entendu – mais c'est la réponse d'un laïc, de celui qui ne peut pas lire la partition, de celui qui n'a pas saisi à la première écoute la structure interne. Je vois très bien le problème pour un musicien. Et grâce à Dieu nous avons – par la BBC ou d'autres chaînes – une vie active de musique classique et moderne très riche en Angleterre. On joue, les premières sont constantes, et le répertoire discographique est très riche... Ici il y a un programme BBC très amusant, qui s'appelle *Private Passion* : l'invité a le droit de choisir sept disques pour en parler, et j'ai voulu (c'est mon mauvais caractère) trouver quelque chose qu'ils n'auraient pas eu, malgré leurs douze millions d'enregistrements archivés (ils disent tout avoir)...

Lors de la montée du nazisme, dans notre maison à Paris (mes parents étaient wagnériens, comme tous les Juifs d'Europe centrale), nous avions interdiction d'écouter Wagner en allemand. Alors, mon père découvre un magnifique chanteur russe à l'Opéra de Paris, du nom de Rogatchevsky, qui chantait en français. J'ai encore les disques ici, dans cette chambre, un *Conte du Graal* en français. Donc je dis à la BBC : « Je vais l'apporter. » Mais ils l'avaient ! J'en ai parlé à la radio, pour expliquer que, même dans une autre langue, même dans une autre civilisation contextuelle, la grande musique affirme son autorité.

J'ai manqué le coche en ce qui concerne le grand jazz. J'ai beaucoup écouté Muggsy Spanier, Ellington et quelques autres à Chicago quand j'étais étudiant – c'était une capitale mondiale du jazz à ce moment-là. Et j'aime encore le jazz classique. Mais je n'ai jamais pu entendre le hip-hop, le *heavy metal* et toutes les écoles qui sont nées depuis. Avoir manqué cela, c'est probablement avoir manqué l'énergie musicale de ce siècle – avec toute sa brutalité et toute son ambiguïté. Je le regrette, mais on ne peut pas tout comprendre. Et j'ai cessé de comprendre. Néanmoins, je suis sûr que pour des millions de jeunes, il y a là l'indispensable rythme de leur vie intérieure.

L.A. Dans vos propos revient souvent la référence à Heidegger. Or, vous avez certainement eu connaissance de la publication de documents prouvant son engagement nazi, au moment où Heidegger était recteur de l'université de Fribourg. Cela change-t-il quelque chose à votre vision de sa philosophie ?

G.S. J'estime, et ce depuis mes premières tentatives de lecture d'*Être et Temps*, que nous avons affaire à un titan de la philosophie. Un géant. Un méchant géant. Je ne m'imagine pas la pensée du XXe siècle – que ce soit celle de Sartre, de Levinas, de la déconstruction – sans Heidegger ; il est, de très loin, le plus grand de tous. À la question de son nazisme, la meilleure réponse a été celle des nazis eux-mêmes : les autorités nazies à Berlin en 1933-1934, devant son ambition d'être recteur d'université, ont déclaré : « Non, c'est un *Privatnazi* ». Pas si facile à traduire… un nazi privé, si l'on veut. Qu'est-ce que ça veut dire ? Qu'il n'y avait pas de racisme chez Heidegger (dont, rappelons-le au passage, presque tous les élèves doctorants étaient juifs – à commencer par sa maîtresse, Hannah Arendt, puis Marcuse, Löwith, etc.). Aucune trace. Il estimait que cette dimension biologique (pourtant essentielle dans le nazisme) était de la bêtise. C'était un nazi avant les nazis ; et d'ailleurs sa femme – qui est atroce – l'était bien avant lui.

Cela voulait dire qu'il a cru à un renouveau de l'Allemagne, et a vu dans le nazisme le seul point de résistance aux « deux immenses menaces » qu'étaient, selon lui, le capitalisme américain et le communisme russe. À mon sens, ça a été un trait de génie de comprendre longtemps avant tout le monde qu'il s'agissait de technologie dans les deux cas, et que le capitalisme technocratique américain et le léninisme-stalinisme étaient bien plus proches l'un de l'autre que du génie classique de l'Europe. Et qu'une défaite de l'Europe – ce qui voulait dire pour lui de l'Allemagne – signifierait la domination du continent par ces deux forces. Il a eu raison, bien sûr.

Cela n'excuse pas un instant ce qui est pour moi le vrai mystère et le vrai crime : le refus après la guerre de se prononcer sur la Shoah, sur la politique des camps de concentration, sur l'horreur de l'inhumain qu'a été le nazisme. Au contraire, vous le savez très bien, dans une citation notoire de 1953, il a encore parlé du grand idéal perdu de ce mouvement.

C'est la même problématique pour Wagner. Au déjeuner, attendant qu'on serve le dessert, Cosima Wagner dit à ses domestiques : « Il faut attendre, le maître est au clavier. » En haut, au deuxième étage, on l'entend jouer. Il était en train d'étudier, de préparer la musique de Pâques de *Parsifal*. Il descend. Et à la table du déjeuner – nous avons le témoignage direct de Cosima –, il se prononce sur la question juive et dit : « Il faut brûler vifs les Juifs ! » Le jour même où il compose la musique de Pâques de *Parsifal*. Vous allez me dire : « Il faut comprendre... » Non ! On ne peut pas comprendre. Nous, nous sommes de tout petits messieurs et dames. Tout petits. Vous et moi. Grâce à ces géants nous avons un immense héritage ; je n'imagine pas mon existence sans *Tristan*, sans d'autres pages de Wagner, sans *Être et Temps*, sans les livres sur Kant, sans les essais sur les présocratiques, etc. Il y aura plus de cent volumes dans l'édition des œuvres complètes de Heidegger.

La meilleure explication a été, pour moi, celle de son élève préféré, de son successeur, Gadamer – lui-même un grand penseur. Nous étions au centenaire de Heidegger, à Fribourg, et on en est presque venus à se donner des coups de poing, M. Nolten, historien néonazi par certains côtés, et moi-même. Gadamer, qui était physiquement un géant, avec un très grand calme, pose ses mains sur mes épaules et me dit : « Steiner ! Steiner ! Ne vous excitez pas. Martin était le plus grand des penseurs et le plus mesquin des hommes. » C'est une excellente analyse ; cela ne justifie rien, mais sans doute est-ce vrai. Heidegger, Wagner... Il y aurait d'autres exemples encore.

Si vous me demandez ce qui a déterminé le cours de la langue française, dans les temps modernes, ce sont Proust et Céline. Tous les deux. Céline est, avec Rabelais, l'un des plus grands magiciens de la langue française, grâce à *Voyage au bout de la nuit*. Mais ce n'est pas seulement le *Voyage*. Les trois romans sur sa fuite au Danemark (que très peu lisent maintenant) – *D'un château l'autre, Nord* et *Rigodon* – sont une merveille. Les scènes avec son chat Bébert, devant les flammes de Cologne, lorsque le chat part dans les flammes, quitte le train ; les scènes à Sigmaringen – où Pétain, parfaitement sourd, n'entend pas la descente de l'avion anglais qui vient sur le pont, sont shakespeariennes ! Et j'emploie le mot avec précaution. Il y a dans cet homme terrible des grandeurs poétiques d'invention. Il y a aussi une immense pitié humaine. Le médecin a été formidable avec les pauvres, les animaux. Moi qui suis fou d'animaux, je partage, j'ose partager avec lui cette passion et j'admire en lui ce qu'est pour lui l'animal, la souffrance de l'animal. Alors je ne comprends pas. C'est le même homme qui pond ces infâmes ordures que sont *Bagatelles pour un massacre* et d'autres textes. Des pamphlets, de gigantesques pamphlets antisémites. Vous me demandez de comprendre ; je ne comprends pas. C'est le même homme qui veut que tous les Juifs soient mis au four.

Que faire de ça ? Comme lecteur, comme professeur, j'ai une dette énorme envers ces textes. Ce sont des textes qui meublent mon esprit et mon être. Cela ne veut pas dire un instant que je défends l'homme. Alors peut-être, la grande chance, c'est de ne pas les rencontrer : je me suis refusé à rencontrer Heidegger. Je ne voulais pas, je n'aurais pas osé. J'avais, bien sûr, la possibilité de m'approcher de Céline...

Comment faire sans Wagner ? La musique après Wagner, c'est celle de Wagner. Et en philosophie ? Je viens de lire une citation de Derrida, qui dit : « La philosophie de l'avenir, c'est être pour ou contre Heidegger. » Je ne peux pas m'imaginer les contrariétés internes, les luttes psychiques de ces grands et terribles hommes. Peut-être est-ce plus rare avec les femmes – il y a là une question très intéressante. Je ne vois pas d'emblée d'exemple féminin. Il y a eu des femmes tyrans terribles, des femmes despotes, des femmes sadiques, des empoisonneuses, tout ce que vous voulez ; il n'y a pas eu, à ce que je sache, de très grandes pensées (littéraires, poétiques, scientifiques) d'une femme – et Dieu sait s'il y en a – qui comportent en même temps une haine sadique, une personnalité et une idéologie fascistes. Je peux me tromper, mais il y a là peut-être une différence intéressante.

L.A.   Dans *Poésie de la pensée*, vous évoquez aussi la figure centrale de Edmund Husserl, qui fut le professeur de Martin Heidegger. Quels furent selon vous les liens et les emprunts ou empreintes de la pensée de Husserl dans l'œuvre de Martin Heidegger ?

G.S.   J'ai écrit un petit livre, *Maîtres et disciples*, où j'essaye de discuter cette relation. Sans Husserl, il n'y aurait pas Heidegger, c'est absolument clair. Mais par contrecoup, comme dans les grandes relations, l'élève va essayer de détruire le maître. Là, on peut, si vous voulez, utiliser le mot « œdipien » de Freud, avec plaisir, en lui rendant hommage.

L.A.   Le meurtre du père.

G.S.   Le meurtre du père du point de vue intellectuel, du point de vue théorique.

L.A.   Dans le double sens du terme, alors : « meurtre du père » philosophiquement parlant et « abandon du père » pendant la période nazie.

G.S.   Husserl est un homme qui me fascine parce qu'il arrivait à être assis et à penser pendant six ou sept heures de suite. C'est très rare. Il incarnait la pensée ; comme les grands mathématiciens que je connais un peu ici. Il y a dans Husserl une passion pour l'abstraction, un refus de se laisser déranger par quoi que ce soit, qui est magnifique. Heidegger devine très vite les faiblesses dans la philosophie de Husserl. Husserl n'a pas réussi, finalement, à construire son système ni à résoudre le grand problème des relations entre les êtres, entre les ego différents. Heidegger voit les faiblesses. Et rien de plus émouvant, de plus triste, que la lente découverte par Husserl que son élève, son préféré, son successeur choisi, son fils entre les fils allait le détruire. Dans tout ça, l'épisode nazi est laid, nauséabond, mais pas très important.

L.A.   Il faut préciser les faits. Heidegger l'a laissé tomber, il a accepté, en tant que recteur de l'université de Fribourg, que son professeur Husserl ne puisse pas continuer à enseigner. Il lui a même interdit l'accès à la bibliothèque.

G.S.   Non, ça, c'est faux. On le sait maintenant, il n'a rien fait pour lui donner l'accès. Voilà. C'était de la non-intervention, ce qui est déjà assez grave. Il n'a rien fait pour le défendre. Et sa mesquinerie devant la veuve de Husserl, c'est également très triste. Mais là, la femme de Heidegger, Elfriede (une nazie de la première heure, pour laquelle Hitler était trop libéral), a joué un rôle sinistre. Enfin ce sont des ragots.

Tant que l'on ne sait pas comment on se comporterait soi-même dans des circonstances analogues, il faut faire très attention. Tant qu'on ignore ce que l'on fera, vous et moi, quand bouchers et tortionnaires taperont à la porte, ou vous proposeront « un petit compromis monsieur, un tout petit et tout ira bien »... On s'imagine très mal quels étaient les pressions, les chantages, les menaces que réservait la vie quotidienne.

Dans notre Angleterre que j'aime encore tant, qui était pour moi une patrie de choix (j'aurais pu aller en France, en Amérique), dans cette Angleterre qui défendait les droits de l'individu comme aucun autre pays, je me demande souvent ce qu'il se serait passé si les Allemands étaient venus. Nous ne le savons pas. Jeune, j'étais encore plein de ce grand rêve : ils se seraient comportés magnifiquement, les Anglais n'auraient jamais livré qui que ce soit, il n'y aurait pas eu de Vichy, ni de Xavier Vallat, ni de camps de concentration. Qu'est-ce que j'en sais ? C'est un espoir. Nous n'en avons pas la preuve.

J'envie profondément ceux qui savent qu'ils se sont bien conduits. J'ai dans mon *college* deux collègues qui était dans le Vercors, et eux, ils savent. L'un a été fait prisonnier et a été torturé, l'autre a pu s'échapper. Ils n'en parlent jamais, au grand jamais. Pas une syllabe. Ceux qui savent se taisent, à certaines exceptions illustres près, parce qu'ils savent quelque chose qu'on ne peut pas expliquer à autrui. Peut-être d'ailleurs se l'explique-t-on assez mal à soi-même, ce qui est encore plus complexe.

Alors dans tous les cas, il faut faire très attention. Platon se vend assez joyeusement au tyran de Syracuse parce qu'on lui promet la puissance. Cette formule enfantine chez Heidegger, « l'espoir d'être le *führer* du *führer* », est à l'horizon de ma réflexion sur certains écrivains français de grand génie qui ont été des cochons, des cochons absolus.

L.A.   Comment expliquez-vous que, après la guerre (malgré la demande insistante de son ami Karl Jaspers), Heidegger n'ait jamais accepté de faire des excuses ? Comment expliquez-vous ce silence ?

G.S.   Une vanité.

L.A.   Un silence qui nous permet d'évoquer ce qu'il s'est passé entre Paul Celan et Martin Heidegger quand Paul Celan est venu lui rendre visite.

G.S.   Une vanité, une mégalomanie certaine. Le monde entier venait le voir, le monde entier se pressait pour... un homme, qui, je crois, a eu la dignité de ne pas se corriger là où cela aurait été facile. Maints Français qui ont écrit des saloperies les ont limées, les ont effacées. Lui, au moins, a l'orgueil de dire : « Cette phrase a été écrite ? Je la garde. » Quand il a réédité *Qu'appelle-t-on penser ?*, il aurait pu facilement l'éliminer. Il y a eu là une vanité, une petitesse et aussi, si voulez, une méchante candeur.

J'ai eu la possibilité d'une rencontre, j'ai refusé. J'étais tout jeune. Je n'ai pas osé parce qu'il ne faut pas faire perdre son temps à Platon. Et qu'est-ce qu'on aurait pu dire ? Rien. Rien. « Vous êtes un salaud ! Excusez-vous » ? Non. Non. Mieux vaut éviter certaines fausses rencontres. Et n'oublions pas qu'il y a chez Sartre aussi des phrases atroces : « tout anticommuniste est un salaud », par exemple.

Quand j'étais professeur à Beijing, il y avait dans mon séminaire deux hommes à l'échine brisée par les tortures des gardes rouges ; ils n'arrivaient même pas à s'asseoir. Ils avaient fait passer une lettre à Sartre : « Au Voltaire de notre siècle. Parlez, aidez-nous ! » Et lui, il va dire que « les soi-disant sévices des gardes rouges sont un mensonge inventé par la CIA américaine ». Il savait parfaitement ce qui se passait. Alors, où sont les grands hommes ?

Et Freud ! Allez à Rome, c'est passionnant, il y a le grand musée du fascisme. Dans la première salle, il y a les cadeaux reçus par Mussolini. Dans une jolie vitrine, *L'Interprétation des rêves*, avec cette dédicace de Sigmund Freud : « au *duce* nous devons tant pour avoir restauré la gloire de l'ancienne Rome ». Mais oui, mais oui...

Nous sommes tous sujets à des vanités, des flatteries, des peurs, des angoisses. Des intermittences de la raison, et non pas du cœur, comme disait Proust. C'est Shakespeare qui le dit, comme toujours : « Qui de nous doit échapper au fouet ? » (C'est dans *Hamlet* : « *who of us should escape whipping ?* »)

Alors, je préfère dire merci aux grandes œuvres, je préfère dire merci aux poèmes. La pre-mière phrase de mon tout premier livre était la suivante : « Une bonne critique est un acte de remerciement. » Je tiens à cette phrase, j'y suis encore totalement dévoué. Il faut dire merci aux œuvres et à ce qu'elles ont coûté à leur créateur.

L.A. Lié à la crainte d'une faillite des humanités, il est un thème qui tisse la plupart de vos réflexions — tant historiques que politiques, métaphysiques, linguistiques, spirituelles. Ce thème pourrait s'intituler (pour paraphraser Spengler) « le déclin de la civilisation ». Je ne dis pas que vous prédisez — comme l'a fait Spengler à l'aube de la guerre de 1914 — un déclin inéluctable de la civilisation, mais cependant, il y a chez vous une angoisse sourde, un rappel à l'être, et un désir de conscience et de surélévation de notre conscience. Une vigilance.

G.S. Les historiens les plus sérieux estiment qu'entre le mois d'août 1914 et le mois de mai 1945, en Europe, en notre Europe et dans le monde slave occidental, plus de cent millions d'hommes, de femmes et d'enfants ont été massacrés par les guerres, les camps, les famines, les déportations, les grandes épidémies. Il est miraculeux qu'il y ait encore une civilisation européenne. On le prend toujours par le faux bout. Le miracle, c'est qu'il y ait quelque chose qui ait survécu au plus grand massacre de l'Histoire.

Depuis lors, les massacres dans les Balkans nous rappellent que la fragilité de la situation européenne reste extrême. Valéry avait écrit, juste après la Première Guerre mondiale, cette phrase devenue ultra célèbre : « Nous autres, civilisations, nous savons maintenant que nous sommes mortelles. » Depuis, la situation est devenue beaucoup plus dramatique. Les États-Unis sont devenus non seulement la plus grande puissance du monde, mais aussi, si vous voulez, un modèle pour l'homme. Qu'on l'approuve ou non, avec la révolution technologique américaine, l'ouverture de l'espace, la recherche scientifique, c'est l'Amérique qui impose aux rêves d'une grande partie de l'humanité ce que j'appelle une « Californie imaginaire ».

L'Europe n'a plus de modèle à proposer, même à ses jeunes. Les jeunes, ils en ont marre de la haute culture, de la haute civilisation qui n'a pas pu résister à la barbarie, voire qui plus d'une fois lui a été utile. Nous avons vu combien la vie des élites, intellectuelle, artistique, philosophique européenne a été du côté de la barbarie. C'est Walter Benjamin, le grand critique, qui dit que tout monument culturel européen est en réalité bâti sur un fondement d'inhumanité, de barbarie. Il y a beaucoup de vérité là-dedans ; quoique ce soit trop extrême.

À cela se rattache un sentiment irrationnel, indémontrable, intuitif. Je ne crois pas qu'il y aura à nouveau parmi nous un Shakespeare, un Dante, un Goethe, un Mozart, un Michel-Ange, un Beethoven. Bien sûr, il y a des géants dans l'art du XXᵉ siècle, il y a de très grands écrivains. Il ne faut pas dire de bêtises, il y a de très grands compositeurs. Mais celui qui enseigne les lettres, l'histoire de l'art, de la musique, enseigne en se retournant. Toujours la tête se tourne vers l'arrière. On dit en italien *tramonto del sole* (le coucher du soleil). Il est parfaitement concevable que d'autres parties de la planète prennent la relève et que l'Europe soit très fatiguée. Grand Dieu, elle a de quoi ! Il y a une expression intéressante en allemand : *Geschichte müde sein*, être fatigué de l'Histoire. Se promener dans une rue européenne, c'est croiser des plaques sur toutes les maisons, qui commémorent des événements d'il y a des siècles : le poids du passé est énorme en Europe. À l'inverse, celui de l'avenir pèse très légèrement, très peu. Cela est très problématique.

Nous sommes à un moment de transition. Vous le savez autant que moi, les églises sont quasiment vides. Dans les pays où l'autorité catholique était ou est encore de prime abord la plus puissante (en Italie, en Espagne, etc.), le taux de natalité chute. La démographie de l'Europe est négative ; le continent ne remplace plus sa population. Partout, des jeunes et des moins jeunes qu'avant portent le fardeau énorme des vieux, le fardeau des retraites, le fardeau de ceux qui vivent trop longtemps. La pyramide est renversée du mauvais côté. Pour toutes ces raisons, il est difficile de concevoir comment notre civilisation européenne va reprendre son élan vital. Que l'Europe orientale puisse être une grande réserve d'énergies qui ne se sont pas encore libérées (de chefs-d'œuvre, de pensées, d'arts), c'est mon grand espoir. Mais vu le capitalisme sauvage qui se déchaîne dans des villes comme Prague, comme Budapest avec ses limousines blanches à la Hollywood, ou comme Bucarest qui lentement s'affranchit de la longue misère, ce n'est pas encourageant. Cette imitation d'un certain capitalisme libéral n'augure pas fortement d'un grand avènement culturel.

L.A.   N'y a-t-il pas chez vous (pour paraphraser le titre d'un de vos livres) une nostalgie de l'absolu, une nostalgie d'un monde irrémédiablement perdu ? Ne vous montrez-vous pas réactionnaire dans cette mise en cause de toutes nos valeurs tant esthétiques que morales ? Je pense par exemple à cette déconstruction de l'art de Marcel Duchamp ; je pense au surgissement de la musique concrète ; je pense à la déconstruction, en termes de philosophie ; je pense au Nouveau Roman, en termes de littérature ; bref un refus d'une nouvelle manière de comprendre le monde que finalement vous détestez.

G.S.   S'agit-il vraiment d'une nouvelle manière de comprendre le monde ? Dans mon livre *Grammaires de la création*, je réserve une part de profonde admiration à Duchamp, à Tinguely (qui est pour moi un des grands humoristes de notre siècle). Je vous ai dit combien la musique contemporaine me passionne. Le monde de l'art dit « conceptuel » en revanche me dégoûte profondément. À ceux qui prétendent, en mettant des bouteilles d'urine par terre dans la *Tate Gallery,* faire du grand Art, je dis calmement : « Vous êtes de pauvres cons ! » Il n'y a pas d'autre mot.

Il est sûr qu'à travers toute mon œuvre, ou plutôt mon travail (« œuvre » est un mot prétentieux), je n'ai pas vraiment pu m'immerger suffisamment dans le monde du cinéma. Certains disent que, finalement, le cinéma est la forme la plus puissante de la conscience moderne ; il se pourrait très bien qu'ils aient raison. Il se pourrait. Et j'ai « raté le coche » comme on dit. À vrai dire, je n'ai jamais essayé de l'attraper.

Mais soyons très précis ; je voudrais trouver les mots les plus simples, les plus scrupuleux pour vous répondre. Si quelqu'un me dit : « Je suis athée absolu. Pour moi, toute histoire de transcendance, c'est une mauvaise plaisanterie romantique », si quelqu'un me dit que, quand le téléphone sonne à deux heures du matin pour lui dire que son enfant vient de se faire tuer dans un accident d'auto (c'est le cauchemar bourgeois, vous le savez), il sait que ce sera une souffrance atroce mais d'aucune importance mystique ou mystérieuse, devant cet homme ou cette femme je me tais. J'en ai rencontré. Ils sont très rares. J'en ai rencontré parmi les grands scientifiques au MIT, à Cambridge, à Berkeley. M. Hawking, par exemple, nous dit qu'il peut aller, lui, dans une chaise roulante, avec deux doigts, l'extrémité de deux doigts, les métacarpes qui bougent, et une voix électronique IBM… Sa pensée est au bord de l'univers. C'est ça, la grandeur humaine : la pensée ne connaît pas de limites. Mais la plupart des êtres humains, quand ce téléphone sonne, commencent à hurler et supplier Dieu. Bon. Si quelqu'un me dit : « Je crois à ceci ou cela, il y a pour moi une transcendance, il y a pour moi un mystère ultime de la création », cela aussi je le comprends absolument. Ce que je ne peux accepter, c'est ceux qui disent : « La question ne se pose plus. Pourquoi en parler, même ? » Ceux-là, il me semble, s'ils l'emportent, si, effectivement, notre culture, notre sensibilité, le contexte de notre être devient non pas irréligieux (pas du tout), ni athée (qui est une chose très grave et tragique), ni religieux, mais une sorte de : « Hitler, connais pas ; Dieu, connais pas », une culture dans laquelle, comme il ressort d'un récent sondage, les dix Anglais immortels de tous les temps seraient en premier (et de loin) David Beckham, Shakespeare en cinquième, Darwin en neuvième, alors, si c'est cela la situation : une sorte de sécularisation, de vulgarisation ultime, alors oui, je crois que nous ne produirons pas des œuvres de très grande classe. Les neuf dixièmes de notre art, de notre architecture ont un thème ou un arrière-fond religieux – que ce soit la *Missa solemnis* de Beethoven, que ce soit la musique de Bach ou bien nos cathédrales, nos bâtiments, nos villes, nos lois, etc. Si on me dit « ça ne se pose plus ! », si ce que Dostoïevski appelle « la seule question » (celle de l'existence ou de la non-existence de Dieu) ne vaut plus qu'on y réfléchisse, qu'on essaye de trouver des métaphores formelles pour l'exprimer, alors effectivement je crois que nous entrons dans ce que j'appelle un épilogue, en jouant sur le mot : ce qui vient après le mot, après le *logos*. « Au commencement était le mot ». Il se pourrait qu'à la fin soit la dérision. Nous entrons peut-être dans une grande époque de dérision.

L.A.   Vous vous livrez justement, dans vos derniers ouvrages, à un diagnostic sur le devenir de notre civilisation, et ce diagnostic est plutôt sévère. Vous faites remarquer que la langue se raréfie, qu'il suffit de trente-quatre mots pour pouvoir communiquer à travers la planète, et que, à travers cette raréfaction du langage, c'est notre pensée qui manque d'oxygène.

G.S.   Je crois, comme je l'ai dit, que l'Europe est très fatiguée. Je ne crois pas au miracle chinois, mais je peux me tromper. Je crois au miracle indien, à une sensibilité créatrice fantastique, à une puissance d'invention et d'originalité extrême.

Depuis quelques années je vis très proche d'étudiants chinois et d'étudiants indiens. Les Chinois apprennent avec une énergie fantastique, une discipline qui vous coupe le souffle, mais n'osent pas critiquer, n'osent pas inventer. Avoir des étudiants indiens autour d'une table, c'est entendre une voix après l'autre qui ose, qui ose proposer du nouveau, qui ose deviner, qui avant tout ose dire non à l'autorité. C'est pourquoi j'ai l'impression que d'Inde vont surgir de très grands chapitres dans l'histoire de la pensée et de l'art humains. Je ne serai plus là pour le voir, mais ce sera très intéressant. L'Europe, pour l'instant, est devenue le continent du tourisme mondial : on se promène pour voir la vieille Europe. C'est devenu un grand musée et y vivre est devenu un très grand luxe. Mais parler de l'avenir, d'un avenir positif, est difficile.

L.A.   Pensez-vous que la vérité ait un avenir ?

G.S.   Oh oui ! Mais encore une fois, pas nécessairement chez nous. Elle aura bien d'autres formes. Est-ce que certaines tolérances, certaines ironies très européennes, certaines habitudes du dialogue vont survivre ? Ce n'est pas certain. Dans la culture américaine, qui est infiniment puissante, le dialogue joue un rôle beaucoup moins important et est très rare. Aux élections présidentielles, il y a peu de dialogues ; l'ironie ne joue presque aucun rôle.

Il y aura d'autres formes d'échanges humains. Mais pourquoi se plaindre ? Nous avons eu deux mille années passionnantes ; être un Européen a été une histoire passionnante. Ce le sera peut-être un peu moins à l'avenir.

L.A.   Vous avez évoqué Paul Valéry, qui hante, je crois, votre pensée depuis pas mal de temps. Comment Valéry irrigue-t-il votre pensée, George Steiner, encore aujourd'hui en 2014 ?

G.S.   Valéry n'est pas parmi les jeunes en ce moment une présence très active. Je l'ai connu par un détour tellement important qu'il obscurcit le vrai Valéry. Il y a les traductions par Paul Celan : *La Jeune Parque* de Paul Celan est un miracle, il n'y a pas d'autre mot. Une pure étrange merveille. Et il y a le Valéry – que nous connaissons encore maintenant assez mal – des *Cahiers*. L'immense littérature secondaire des *Cahiers*. Je trouve passionnant l'intérêt qu'il porte aux sciences et la quasi-idolâtrie pour les mathématiques dans sa pensée. Sans pouvoir la partager (je n'en ai pas les compétences), j'arrive à deviner ce que cela a dû être pour lui. En même temps, il y a le Valéry mondain, le Valéry des salons, le Valéry académicien, le Valéry du grand discours de réception de Pétain. Il y a cet autre Valéry. Mais quel géant !

Est-ce qu'il y a des époques ? Oui. Il y a, c'est très curieux, des constellations. Autour de Shakespeare, gravitent quatre ou cinq très grands poètes et dramaturges, et puis rien après pendant très longtemps. Au même moment vivent Tolstoï,

Proust et Thomas Mann. C'est sans relation, mais il semble bien y avoir des constellations, des moments presque magnétiques, électromagnétiques de concentrations de forces créatrices, et puis des périodes ternes, des périodes très médiocres – comme la poésie du premier XVIIIe siècle en France. On s'explique assez mal ce phénomène. Nous comprenons très peu, par exemple, ce mouvement complexe qu'est l'impressionnisme – tout à coup, une douzaine de géants, et puis après, un affaiblissement. Il se pourrait qu'il y ait dans la création un effet physique d'implosion, où les forces se concentrent. Au lieu d'exploser, elles implosent, elles vont vers un centre caché. Nous ne savons pas.

Toute ma vie j'ai évité de comprendre, d'étudier le film ; cela a été une grave erreur, il est certain que sans cinéma nous n'aurions pas la haute culture du XXe siècle. Il est certain qu'une bonne partie des énergies « shakespeariennes » de l'imagination humaine s'est concentrée dans le cinéma, et pas dans une autre forme.

L.A. Pourquoi ? Pourquoi ne vous êtes-vous pas intéressé au cinéma ? Vous vous intéressez beaucoup à l'histoire de la peinture, et ce depuis très longtemps.

G.S. Beaucoup. À la musique, au théâtre. Pas au cinéma. Pourquoi ? Je vais vous répondre, et la réponse sera elle-même un défi. Vous voyez un immense film – *Partie de campagne* de Renoir, *Les Enfants du Paradis*, *The Treasure of the Sierra Madre* –, vous le voyez deux, trois fois (j'en ai fait l'expérience, c'est magnifique), mais à la quatrième fois, c'est mort. Totalement mort. Je vois une pièce cinq fois, dix fois : elle est nouvelle chaque fois. J'attends que quelqu'un m'explique pourquoi le meilleur film du monde meurt au bout de quatre ou cinq reprises. C'est une forme, peut-être, intrinsèquement éphémère. Je ne sais pas l'expliquer. J'ai assisté à ce phénomène délicieux à Harvard : à une époque, les jeunes s'entassaient dans la salle de cinéma pour voir et revoir *Casablanca*. Cinq à dix minutes avant la fin, on coupait le son un instant, et les jeunes se levaient pour réciter par cœur les dialogues – y compris le fameux *Round up the usual suspects* final. Des enfants qui ne voulaient pas apprendre par cœur du Shakespeare. C'est très intéressant. Il paraît que cela ne se passe plus comme ça, maintenant. On prend seulement quelques minutes d'un film sur un iPad... Ça aussi, ce serait très triste, si le cinéma perdait sa magie complexe... Nous venons de perdre Alain Resnais. Qui aujourd'hui serait capable de réaliser *L'Année dernière à Marienbad* ? Ou *Hiroshima mon amour* ? Même là, il y a dans cette forme quelque chose d'éphémère.

L.A. Parlons de ce qui va à tous nous arriver. Même si quelquefois nous nous détournons de cette chose et même si le plus souvent nous ne voulons pas la connaître, je veux parler bien entendu de la mort. Je voudrais évoquer l'une de vos phrases les plus énigmatiques, je crois que c'est dans *Réelles présences*, où vous dites : « Nous vivons un long samedi. » Qu'entendez-vous par là ?

G.S. J'ai pris, dans le Nouveau Testament, le schéma vendredi-samedi-dimanche. C'est-à-dire : la mort du Christ le vendredi avec la nuit qui vient sur la Terre, la déchirure du voile du Temple ; puis l'incertitude qui a dû être – pour les croyants – au-delà de toute horreur : l'incertitude du samedi où rien n'arrive, rien ne bouge ; enfin la résurrection du dimanche. C'est un schéma d'une puissance de suggestion illimitée. Nous vivons la catastrophe, la torture, l'angoisse, puis nous attendons, et pour beaucoup le samedi ne finira jamais. Le messie ne viendra pas et le samedi continue.

Maintenant, comment vivre ce samedi ? Pour le messianique marxiste, pour le socialiste utopique, ce samedi aura une fin : il y aura le royaume de la justice sur Terre. Les extrémistes de gauche l'ont toujours prédit depuis le XVIIe siècle, en disant : « Il faut un peu de patience. » Pour le Juif, il y a la croyance qu'effectivement le messie va venir. C'est un blasphème d'essayer de calculer, d'après un calendrier, la date de cette venue, mais elle aura lieu. Pour le positiviste, le scientifique, le technologue, la fin du samedi pourrait être, par exemple, le remède au cancer. Il y a beaucoup de mes collègues pour lesquels c'est devenu ce qu'ils appellent (et l'image est importante) un saint Graal. Trouver ? Ils sont confiants. Pas dans dix ans, pas dans vingt ans, peut-être seulement dans cent ans, on pourra guérir ou endiguer ces nombreuses familles de maladies que nous rassemblons sous le nom de cancer. Pour d'autres, la fin du samedi serait l'éradication des famines, qu'il y ait suffisamment de nourriture pour tous les enfants de la planète – ce qui est déjà à notre portée, sur le plan technologique, et rend la chose d'autant plus insupportable. Là, il n'y a pas une impossibilité absolue ; il y a une absence de volonté politique. Bref.

Ce samedi de l'inconnu, de l'attente sans garantie, c'est celui de notre Histoire. Il y a, dans ce samedi, une mécanique à la fois de désespoir – le Christ horriblement tué, enseveli – et d'espoir. Le désespoir et l'espoir sont bien sûr les deux faces de la médaille de la condition humaine.

Nous arrivons très mal à nous imaginer le dimanche, sauf (et c'est très important) dans le domaine de la vie privée. Ceux qui sont heureux en amour ont connu des dimanches, des moments d'épiphanie, des moments de transfiguration totale. Il y a des moments politiques, aussi, comme cette nuit de Mai 68, place de la Bastille, quand les étudiants arabes crient devant Cohn-Bendit : « Nous sommes tous des Juifs allemands. » C'est un de ces moments d'épiphanie, de dimanche, qui aurait pu tout changer. Ça ne l'a pas fait, évidemment. Mais cela ne veut pas dire que ce moment ne valait pas la peine d'être vécu ; il valait infiniment la peine d'être vécu. Autre exemple : il paraît qu'on est aujourd'hui très proches d'un vrai remède pour soigner la leucémie. Les enfants atteints de leucémie pourront être sauvés.

Sans l'espoir du dimanche, ce serait peut-être le suicide. Et le suicide a une très grande logique. Il y a des hommes et des femmes qui ont choisi le suicide plutôt que la corruption, la trahison de leurs rêves, de leurs utopies politiques. Il y a, on le sait, de grands artistes et grands penseurs qui ont préféré quitter une vie qu'ils jugeaient salie, impure, corrompue. Dans le contingent en Algérie, il y avait de jeunes officiers français, que l'on mettait dans une chambre avec le prisonnier arabe à torturer, et à qui l'on disait : « Si vous ne le touchez pas, rien ne vous arrivera. Rien, il n'y aura aucun reproche contre vous. À vous de décider. Simplement, nous savons qu'il y a des bombes dans le village ; et si elles éclatent, elles vont tuer non seulement tous vos camarades, mais aussi les habitants du bled. Mais c'est à vous de voir… » Eh bien, il y en a un tout petit nombre – c'est un autre sujet tabou, mais nous avons des documents – qui se sont tués eux-mêmes. J'espère que j'aurais eu le courage de le faire parce que c'est la seule solution valable pour « être homme » à ce moment-là.

Ceux qui choisissent le suicide, ce sont ceux qui disent : « Il n'y aura pas de dimanche. Pas pour nous, ou pas pour notre société. » Ils sont heureusement très peu. À rebours, il y a ce que le grand philosophe marxiste Ernst Bloch a appelé le « principe espoir », la dynamique de la continuité de la vie. Pour nombre d'êtres humains, il faut beaucoup de courage pour se lever le matin. En ce qui me concerne – c'est un phénomène lié à mon âge, tout à fait banal et naturel –, il y a des moments où j'hésite à allumer la radio pour écouter les nouvelles, parce qu'elles deviennent si souvent totalement insupportables physiquement, moralement, mentalement. Mais il faut continuer ; nous sommes les invités de la vie pour continuer à lutter, pour essayer d'améliorer un tout petit peu les choses. Faire mieux. Est-ce que l'homme connaîtra un dimanche ? On en doute.

Épilogue

Apprendre à mourir

L.A. Avant de mourir, George Steiner, on éprouve toujours quelques regrets, pour des choses qu'on n'a pas pu faire. Nous avons appris que vous éprouviez le regret de ne pas connaître plus de langues et de ne pas avoir le courage d'en apprendre de nouvelles. Mais en vous lisant, j'ai eu la stupéfaction, aussi, de découvrir que vous regrettiez de ne pas avoir pris de LSD.

G.S. Oui. J'avais des étudiants qui en prenaient et qui me disaient que c'est indescriptible, comme expérience. Je leur demandais de me raconter, mais c'était impossible : tout ce qu'on vous raconte, dans ce cas, est tellement moins intéressant, beau, existentiel que la vérité. C'était une expérience dont on ne pouvait pas, semble-t-il, rapporter le bagage. Après tout, Baudelaire, Rimbaud et Poe, avec l'opium et la cocaïne, nous rapportent un certain bagage ; il est mince mais il est important.

Ces enfants-là, non. Peut-être aurais-je dû tenter l'expérience moi-même ; j'ai manqué de courage.

L.A.   On connaît les lieux où vous vous ressourcez, les lieux que vous aimez habiter : le sud de la France, la grand-place de Marrakech, ce petit temple de Ségeste, les toits de Jérusalem au petit matin... Avez-vous aussi des regrets en matière de lieux, d'endroits que vous rêvez de visiter et que vous n'aurez pas vus ?

G.S.   Oui, j'ai une petite liste des *desiderata* suprêmes où je n'irai jamais. Pour l'instant, je ne vois pas le moyen d'aller à Pétra, ce qui devient en même temps possible et difficile à mon âge. J'ai une petite liste de rêves perdus. J'aurais voulu voir la montagne rouge en Australie, *Ayers Rock*. On m'a invité une douzaine de fois. Mais c'était à vingt-trois heures de vol et j'ai simplement manqué de courage, de cran. C'est pour ça que mon autobiographie s'appelle *Errata*. Il y a une série d'erreurs, ou du moins de défaillances.

Et avant tout, celle de ne pas avoir pris le risque d'essayer de créer. J'ai beaucoup dessiné, peint, quand j'étais enfant. J'ai publié des vers ; je crois qu'ils sont très mauvais. Mais je les ai publiés et ils avaient leurs lecteurs. Et puis, à un certain moment, l'enseignement est devenu pour moi le but, la vocation presque totale.

Je prends un exemple beaucoup plus trivial, mais qui illustre parfaitement la chose. Pendant mes cinq ou six premières semaines à l'université de Chicago – j'étais terriblement jeune –, le poison sacré des échecs me saisit et je joue dix-huit heures par jour avec de vrais joueurs, des joueurs très forts. C'était un des centres mondiaux des échecs. Pour être sérieux, on boit une tasse de café et on reprend la partie, on étudie, on fait la théorie des échecs, on se penche sur leur histoire : il n'y a plus rien d'autre. Je n'étais peut-être alors pas si loin de la possibilité de devenir un vrai joueur, un joueur sérieux. Mais devant le vertige, j'ai reculé. J'ai manqué de courage pour devenir assez fou pour consacrer ma vie à ce jeu... Car c'est un jeu, après tout, mais quel jeu ! Depuis lors, je joue, mais je joue mal, c'est-à-dire en amateur des plus amateurs.

Avec cette petite expérience de quelques semaines, j'ai entrevu l'abîme, ce que Henry James appelle *the real thing* (la vraie chose) : on se donne totalement. Risque de vie, de mort, de disgrâce, de dettes – on se fout de tout pour vivre l'absolu, risquer la totalité. L'alpiniste qui va au-delà de ses forces le fait à chaque fois ; le plongeur en profondeur le fait à chaque fois, pour savoir ce que c'est que l'ivresse de l'absolu, où il n'y a plus rien d'autre, où toutes ces petites vertus bourgeoises n'existent plus. Je n'ai pas eu ce sens du courage du risque ultime.

Un autre regret me revient encore. J'en ai pris conscience en Angleterre, en côtoyant des gens qui ont vécu de grandes batailles. Le soir, dans mon *college*, après un troisième verre de porto, quand la fameuse pudeur anglaise commence à se lézarder, ils confessaient parfois : « Ce qu'on était heureux dans la bataille ! Ce qu'on était heureux. Plus rien dans notre vie n'est comparable à l'orgasme du combat. » C'étaient des gens hautement civilisés, de grands professeurs, des penseurs, qui, quand venait le moment de franchise, disaient : « Combien la vie est ennuyeuse, depuis ! » D'abord, à la guerre, ils étaient loin de leur femme, c'est déjà inouï de bonheur. Pour l'Anglais, être loin de son épouse, c'est la condition du bonheur. Et puis, il y avait cette camaraderie homo-érotique, pas du tout vécue homosexuellement, mais un éros masculin, cette affection entre hommes qui est la clé du *college* anglais, de l'élite anglaise. Aujourd'hui, on voit à Londres des gangs de jeunes armés de couteaux, la situation est très grave. On sait bien que, si on les mettait dans des commandos, on aurait en cinq semaines des soldats magnifiques. C'est là presque la même chose. Le gang criminel et le parachutiste sont en fait très proches l'un de l'autre. Pour Alexis Philonenko, l'expérience algérienne a été décisive ; pour Alain également ; Descartes a connu le combat ; Homère, déjà, nous avait instruits de l'ivresse du combat. Moi, je n'ai jamais connu de tels moments et jamais je ne saurai comment je me serais comporté. Eux, ils savent. Pour le bien et le mauvais.

He had a good war, dit-on en anglais ; c'est intraduisible. Péguy le savait, si on veut ; je crois que
Montherlant le savait, ce que c'est que d'affronter
un adversaire, face à face. Et quand j'écoute parler
mes collègues, le souvenir de leur bonheur est réel,
ce n'est pas du bluff. De toute façon, on vivait
là vingt-cinq heures par jour, donc, à la fin, on
ne se racontait pas d'histoires. Ni aux psychana-
lystes, ni aux thérapeutes, ni aux journalistes. Ne
pas se raconter des histoires, se dire : « Le bilan
est tel et tel, et il est loin de ce qu'il aurait dû
être. Bon, bon... mais on a essayé, on a fait de
son mieux. » C'est tout ce que nous pouvons faire.
Et toujours, savoir que les très grands, c'est autre
chose.

Pourquoi est-ce que tant de mes collègues universitaires ne m'aiment vraiment pas beaucoup ?
Pourquoi est-ce que toute ma vie j'ai été un peu
en marge ? Parce que, depuis ma première œuvre,
Tolstoï ou Dostoïevski, je dis que la distance entre
celui qui crée et celui qui commente ou interprète
représente des années-lumière. J'en suis absolument convaincu. Bien sûr il y a des grands critiques qui frisent la création : Proust dans le
Contre Sainte-Beuve, les essais de T. S. Eliot, Man-
delstam sur Dante. Ce sont, d'habitude, des géants
de la création qui sont aussi des commentateurs
et des critiques de premier rang. C'est très rare
mais bien sûr que cela existe. Quel plus grand critique d'art que Baudelaire ? Mais, s'il n'avait écrit

que *Les Fleurs du mal*, cela suffisait amplement. Et cette différence, à la fin de ma vie, elle me laisse souvent très triste parce qu'il fallait risquer certaines choses.

Si je suis ce que je suis, c'est parce que je n'ai pas été créateur. C'est une tristesse très profonde. J'aimerais dire qu'il y a là un côté biographique, dans la grande tradition judaïque que je dois si souvent invoquer. Mon père était convaincu que créer quelque chose, c'est bien mais c'est très suspect. Être professeur, c'est la charge suprême. D'ailleurs, le mot *rabbonim* (rabbin) veut dire professeur. C'est un mot tout ce qu'il y a de séculier ; rien de sacré. Être un *rabbonim*.

Très jeune, j'ai publié, je vous l'ai dit, quelques volumes de poésie, et un matin je les relis et je vois que ce sont des vers. L'ennemi total de la poésie, c'est le vers. Alors, plus jamais. J'ai publié des fictions telles que mon *Transport de A.H.*, mais ce sont des fictions d'idées, des débats, si vous voulez, des dialogues d'idées en forme de fictions ou de narrations. *Le Transport de A.H.* (1981), c'est plus qu'un débat d'idées ; c'est un ouvrage sur le pouvoir, une méditation sur le pouvoir suprême et l'hitlérisme.

Il me manque totalement l'innocence, la bêtise du grand créateur. Dans mon *college*, le sculpteur Henry Moore venait, de temps à autre, dîner avec nous. Quand Henry Moore ouvrait la bouche pour parler de politique, c'était effarant de naïveté.

Alors on regardait ses mains sur la table, la vie des mains de Henry Moore, et on se disait : « On s'en fout de ce qu'il raconte ! Regardez ses mains et ce qu'il peut faire avec ses mains. » Le mystère de l'innocence des grands créateurs est une chose très profonde, que l'*outsider* – nous le sommes tous – comprend mal.

Alors, quelle est ma tâche ? C'est d'être un facteur, comme dans ce film magnifique, *Il Postino*. C'est un film sur Neruda et sur le petit monsieur qui porte les lettres de Neruda, et qui commence à concevoir ce que c'est que d'être Neruda. Toute ma vie, j'ai essayé d'être un bon facteur, de prendre les lettres et de les mettre dans les bonnes boîtes. Ce n'est pas toujours facile de trouver les bonnes boîtes pour parler d'une œuvre, pour introduire une nouvelle œuvre. On peut se tromper terriblement, mais c'est une tâche très importante et passionnante. J'ai une veine folle d'avoir pu être un *postino* pour les très grands. Mais il ne faut jamais confondre les deux. Pouchkine – qui était aussi un aristocrate ; on l'oublie, parfois, ils ne sont pas comme nous, les princes russes – aimait rappeler : « À mes éditeurs, à mes traducteurs, à mes critiques, je dis merci de tout cœur, mais les lettres, c'est moi qui les écris. » Mais oui, cela dit tout.

S'il y a dans ma vie un regret énorme, c'est celui de n'avoir pas tenté ma chance et d'écrire quelque très mauvais livre ; tenter ma chance, peut-être dans le roman ou dans le théâtre – qui était très important pour moi, quand j'étais jeune homme. Je n'ai pas voulu prendre le risque parce que le privilège de porter les lettres et de les mettre dans la boîte me débordait. Deux ou trois fois dans ma vie, j'ai eu cette veine inouïe d'ouvrir le chemin à des très grands. Jamais je n'oublierai le très courtois coup de téléphone du *Times* littéraire (le supplément le plus important en Angleterre) : « Vous nous avez envoyé un article sur un monsieur (il épelle) C-E-L-A-N. Est-ce que c'est un nom de plume ? C'est qui ? » C'était le premier article en anglais sur Paul Celan. Il y a quelques autres cas où j'ai aidé à introduire des écrivains, des poètes très importants, juste au début de leur carrière.

L.A.   Vous dites, George Steiner, que vous n'avez pas réussi à être un créateur. Vous êtes pourtant l'auteur d'œuvres de fictions, et quand vous écrivez des livres de théories, ce sont des actes de création. Vous avez évoqué tout à l'heure *Le Transport de A.H* qui mettait en scène la problématique de l'ascension de Hitler. Je voudrais qu'on parle d'un autre texte, assez peu connu dans votre œuvre, qui s'appelle *Épreuves*. C'est un texte charnière pour mieux vous comprendre. C'est l'histoire d'un correcteur d'épreuves, qui perd progressivement la vue. Donc il ne va plus voir les polices de caractère, le monde va s'évanouir devant ses yeux progressivement ; mais c'est aussi de la dislocation du monde entier dont il s'agit à l'intérieur de ce texte.

G.S.   Ce texte a eu des échos seulement en Italie, parce que le modèle en est un très grand marxiste italien, Timpanaro, qui, refusant tout compromis avec le monde journalistique et universitaire, a gagné sa vie en corrigeant des épreuves pendant la nuit et a effectivement partiellement perdu la vue. En Italie, le livre a suscité un débat, il y avait les pour et les contre. Pas dans les autres pays. C'était aussi, si vous voulez, ma tentative de comprendre, de m'expliquer moi-même l'énorme force psychologique du marxisme dans la soif de justice de certains hommes. La défaite du marxisme est aussi une grande défaite humaine. Le marxisme est un messianisme juif, profondément juif : il vient du livre d'Amos et des prophètes. Dans les manuscrits dits de 1844, Marx écrit ceci : « Viendra le jour où l'on n'échangera pas l'argent pour l'argent, mais l'amour pour l'amour et la justice pour la justice. » C'est le grand programme messianique.

Nous savons ce qu'est le Goulag ; inutile de me le dire. Peut-être était-ce inévitable, peut-être l'homme est-il trop rapace, trop privé, trop mesquin, pour vivre l'idéal marxiste – qui était un idéal d'altruisme pur. À Cambridge, j'ai la chance d'habiter une très belle maison. Mes enfants l'ont quittée (ils sont adultes, maintenant), il y aurait des chambres à donner à ceux qui n'arrivent pas à trouver un logis. Je le sais et je ne fais rien. Le marxisme m'aurait dit : « On s'en fiche, de ton choix. Ce sera obligatoire. Deux chambres sont mises de côté. » Cela résoudrait quelques problèmes moraux. Par certains côtés ce serait mieux, pas par d'autres, je le sais.

Il faut toujours essayer de se demander quel est le prix, quelles sont les victimes d'un grand progrès. La défaite du marxisme a écrasé un immense espoir, vécu par ailleurs dans les *kibboutzim* en Israël ou dans certaines communautés collectives socialistes. Cela fait trente ans qu'on dit que c'est « la fin du capitalisme sauvage », « la fin du grand luxe », mais ça continue : on met à la porte dix mille personnes et on part avec un bonus de cinq millions après avoir ruiné l'industrie ou la banque qu'on gérait. Est-ce vraiment cela, l'idéal de liberté humaine ? Je me le demande.

Alors j'ai essayé, dans ce petit roman, de montrer ce qu'il se passe pour un homme qui devient aveugle en gardant son espoir marxiste. Et je termine en reprenant cette fameuse citation de Balzac (qui était un athée total et résolu) – seul dans la ville, mon personnage dit à Dieu : « À nous deux, maintenant ! » C'est la dernière grande lutte qui va se préparer : celle entre l'athée indépendant, rationnel et la croyance religieuse.

L.A.   Quand on lit *Les Logocrates*, on a l'impression que vous vous frottez les mains en attendant le rendez-vous ultime, et que vous vous dites : « Ce rendez-vous ultime, le dernier, il sera très intéressant. »

G.S.   Je ne me frotte pas les mains, et sans aucun doute je suis tout aussi trouillard que n'importe qui devant la mort. Je suis le contraire d'un héros, voire l'antihéros par excellence. Devant le dentiste, je voudrais m'agenouiller et aller à La Mecque, je hurle intérieurement d'appréhension.

Je crois passionnément à l'euthanasie, au droit à quitter cette vie quand je commencerai à être un poids et un emmerdement pour les autres et pour moi-même. J'y crois profondément. Nous sommes d'ailleurs en train de changer nos mœurs et nos lois sur ce point capital. J'espère que ma dernière pensée sera d'abord : « Tiens ! C'est rudement intéressant, ce qu'il se passe », et deuxièmement, que mon dernier regret sera de ne pas voir le journal du soir...

L.A.   C'est dans un ouvrage récent, *Fragments (un peu roussis)*, que vous abordez justement de front le problème de l'euthanasie.

G.S.   Je suis 100 % pour. Cela me met en colère qu'on garde vivants des gens dans l'agonie quotidienne et à la charge des autres. Devoir soigner des vieux atteints d'Alzheimer est un poids qui détruit des familles entières et pèse sur certains comme une chape de plomb. Cela me remplit d'une colère noire. Des gens qui n'ont plus rien pour vivre que la souffrance. Mais ça va venir. Non seulement en Hollande, mais aussi en Angleterre et dans d'autres pays, l'euthanasie – ou la mort assistée, comme l'on dit parfois – commence à faire son chemin. Il est inconcevable que l'on puisse garder en vie malgré eux ceux qui n'ont plus pour seul espoir que de quitter la vie. Cela me semble d'un sadisme affreux. Et sur cette question-là, comme sur celle de l'avortement, je trouve que l'attitude chrétienne est affreuse et indéfendable ; et je le dirais publiquement avec plaisir.

L.A.   Comment vivez-vous votre vieillesse ?

G.S.   Je voudrais tellement ne pas emmerder les autres tandis que je m'écarte. Je voudrais tellement ne pas poser à d'autres des problèmes économiques, sociaux, humains. Je voudrais pouvoir aller... je sais où. J'ai indiqué à des amis intimes l'endroit où je voudrais que mes cendres soient dispersées. Et dormir ; j'ai maintenant de plus en plus conscience que dormir est un très grand privilège. *Laissez-moi m'endormir du sommeil de la terre.* C'est un très beau vers ; Vigny est un poète qu'on lit si peu. Mince alors ! Comme on lit peu de poètes ! Demandez aux jeunes les plus brillants en France : « Avez-vous lu Vigny ? », je crois que vous n'aurez pas un écho très fort.

166

L.A.   Et vous n'avez pas l'impression qu'un jour, peut-être, vous allez croire en un Dieu ?

G.S.   En ?

L.A.   En un Dieu ?

G.S.   Non, je n'ai pas cette impression, du tout. Je n'ai qu'un espoir : qu'on me laisse ficher le camp quand le moment viendra. J'ai eu une chance énorme, j'ai vécu dans les plus belles villes qui soient, parmi les milieux les plus passionnants. J'ai eu des élèves magnifiques. Mon mariage, et des choses en dehors de mon mariage – qui sont capitales pour moi. Non, j'ai eu une veine formidable. Quand on pense à la souffrance des longues maladies, quand on pense à ce qu'est un cancer pancréatique et les traitements que cela entraîne... non, je remercie le destin jour et nuit. J'espère que ça ira vite, et avec une certaine élégance ; en allemand on dit *Macht schnell !* (Faites vite !). C'est une très bonne devise.

L.A.   Est-ce qu'on apprend à vivre ?

G.S.   Non, mais on apprend à mourir. Avec la vie, il y a des leçons nouvelles et imprévues tous les matins. Et on se trompe tout le temps ! Quelle merveille de pouvoir se tromper – c'est une autre des grandes libertés humaines –, et de se dire : « Je me suis gouré ! » Et c'est alors que le prochain chapitre commence. Ne jamais avoir peur de se tromper, c'est le privilège même, la liberté même.

L.A   Mais comment penser notre propre finitude ? Grâce à la philosophie ? À la connaissance
de soi ?

G.S.   Non, c'est le bon sens. Être près des gens
qu'on aime infiniment, se dire que cela a été merveilleux d'être ensemble. Mais maintenant, assez.
Basta !

L.A.   Mais ça, ce n'est pas nous qui décidons.

G.S.   Si, j'en suis convaincu, je crois que nous
nous préparons à notre mort. Je ne parle pas de
l'accident d'auto. Je crois que nous consentons à
notre mort, que le moment vient où nous sommes
prêts. L'horreur de l'Alzheimer, c'est de ne plus
être maître de son destin.

L.A.   Il y a une manière de vivre la vieillesse qui
est de pouvoir continuer à étudier.

G.S.   Et même, encore, de créer quelque chose.
Mais avoir en face de soi les personnes qu'on aime
et ne plus savoir leurs noms... Non.
   J'ai une peur blanche d'Alzheimer, de la perte
de mémoire. Tous les matins, je sors un livre des
rayons et, quel que soit le livre, je le traduis dans
mes langues, je fais un exercice de traduction.
Pour que le muscle ne s'endorme pas, je fais des
exercices de mémoire, récite le calendrier révolu-
tionnaire français... Des bêtises, tout ce que vous
voulez, pour être certain de n'avoir pas encore les

symptômes de l'oubli. J'ai des trous noirs, comme tout le monde à mon âge, mais heureusement pour l'instant ils se font rares et j'oublie, d'habitude, avec intention. Alors ça va encore. Est-ce que ça va durer ? Je ne le sais pas.

L.A.   Vous dites que vous trahiriez toute votre famille si on faisait du mal à votre chien ?

G.S.   Après tout, être encore en vie, à mon âge, ça a été un coup de veine fou. J'ai perdu trop de jeunes contemporains pour ne pas savoir que, là aussi, il y a un mystère, de la loterie ; il y a des bons numéros et des mauvais. Alors, après avoir traduit mes quatre textes du matin, j'essaye de dire merci. Tout simplement. Et là, mon chien est ce qu'il y a de plus important. Je lui explique quel a été le texte ; lui et moi, on se promène, on se parle… Pour être très sérieux, ceux qui maltraitent les animaux, je voudrais les tuer. Je le dis tout calmement. Ça me fait une telle horreur ! Et notre civilisation le fait à une échelle gigantesque. Dans les yeux d'un animal qui vous aime et que vous aimez, il y a une compréhension, que nous n'avons pas, de la mort. Il y a dans les yeux de mon chien quelque chose qu'il comprend très bien ; peut-être ce qu'il va m'arriver.

Quand je rentre chez moi, il m'attend près de la porte. Pourquoi ? Comment sait-il que j'arrive ? Probablement, pour être auguste-comtien, positiviste à l'extrême, parce que se dégage une odeur d'attente. Peut-être. Vous savez qu'un chien a un vocabulaire d'odeurs, perçoit dix mille odeurs que nous ne flairons pas. Et quand je fais ma petite valise de voyage, il se met sous la table et il me regarde avec un regard de reproche inénarrable. C'est si beau de vivre avec un animal. Ces télépathies sont vraiment intéressantes. Et je sais qu'il faudrait beaucoup aimer les êtres humains. Parfois je trouve ça très difficile.

Table

Du même auteur (*suite*)

Préface à la Bible hébraïque, Albin Michel, 2001.
Avec Ramin Jahanbegloo, *Entretiens*, 10-18, 2000 ; Le
    Félin, 2009.
Langage et silence, 10-18, 1999 ; Belles Lettres, 2010.
Ce qui me hante, Le Bord de l'eau, 1999.
Errata : récit d'une pensée, Gallimard, 1998 ; Folio
    n° 3440, 2000.
Avec Antoine Spire, *Barbarie de l'ignorance*, Le Bord
    de l'eau, 1998 ; L'Aube, 2000.
Passions impunies, Gallimard, 1997 ; Folio Essais n° 385.
Avec Pierre Boutang, *Dialogues : sur le mythe d'Anti-
    gone, sur le sacrifice d'Abraham*, Lattès, 1994.
Épreuves, Gallimard, 1993.
La Mort de la tragédie, Gallimard, 1993.
Anno Domini, Gallimard, 1992.
Après Babel : une poétique du dire et de la traduction,
    Albin Michel, 1991 ; 1998.
Réelles présences : les arts du sens, Gallimard, 1991 ;
    Folio Essais n° 255, 1994.
Le Sens du sens : présences réelles, Vrin, 1988.
Les Antigones, Gallimard, 1986 ; 1992.
*Dans le château de Barbe-Bleue : notes pour une redé-
    finition de la culture*, Gallimard, 1986.
Martin Heidegger, Albin Michel, 1981 ; Flammarion,
    1987 ; 2008.
Le Transport de A. H., Julliard, 1981 ; Le Livre de
    Poche, 1991.
La Culture contre l'homme, Seuil, 1973.

Composition et mise en pages
Nord Compo à Villeneuve-d'Ascq

CET OUVRAGE
A ÉTÉ ACHEVÉ D'IMPRIMER
SUR ROTO-PAGE
PAR L'IMPRIMERIE FLOCH
À MAYENNE EN OCTOBRE 2014

N° d'édition : L.01ELJN000548.A002. N° d'impression : 87571
Dépôt légal : septembre 2014
Imprimé en France